태도의 힘

특서 청소년 인문교양 03

탈무드 학교에서
배우다

태도의 힘

임재성 지음

특별한서재

태도가
경쟁력이다

4차 산업혁명 시대가 되었다. 자고 나면 세상을 깜짝 놀라게 하는 신기술로 무장한 제품들이 선을 보인다. 발달한 기술만큼 인간의 삶은 편리해졌다. 반면 부정적인 사회 문제도 기술 발전만큼 무서운 속도로 증가하고 있다. 범죄는 흉악해지고 환경과 자원, 인구, 계층 간 갈등은 골이 더 깊어지고 있다. 직업은 사라지고 일자리는 줄어들고 있다. 자신을 사랑하지 않은 사람도 많아져 스스로 목숨을 끊기도 한다. 앞으로 살아갈 삶이 그리 밝지 않은 것이 현실이다.

그렇다고 수수방관만 하고 있을 수는 없다. 문제를 일으킨 것도 사람이지만 당면한 문제를 해결하고 엉킨 실타래를 풀어갈 수 있는 것도 결국 사람에 의해 가능하다. 특히 미래의 주역인 청소년들이 문제 해결자로 서게 될 날이 멀지 않았다. 지금부터 제대로 준비하면 희망과 기대로 미래를 맞이할 수 있다. 뿐만 아니라 오늘의 삶도 의미 있고 행복하게 살아갈 수 있다.

청소년 시기에 준비해야 할 것은 무엇일까? 가장 중점을 두고 준비해야 하는 것은 '태도Attitude'이다. 국어사전에는 태도態度를 '어떤 일이나 상황 따위를 대하는 마음가짐, 또는 그 마음가짐이 드러난 자세'라고 정의한다. 태도는 인생을 대하는 자세를 의미한다. 현실의 문제나 앞으로 살아갈 삶에 대해 '어떻게 할 것인가'라는 자신의 마음이다. 그래서 태도는 한 사람의 인생을 결정짓는 중요한 요소가 된다.

우리 삶의 모든 것은 태도로 결정된다. 공부를 대하는 태도, 인생을 대하는 태도, 친구를 대하는 태도, 미래를 대하는 태도, 과거를 대하는 태도, 실패를 대하는 태도, 좌절을 대하는 태도, 성공을 대하는 태도에 따라 인생도 달라진다. 그래서 바람직한 삶의 태도를 품는 것을 공부하고 훈련해야 한다. 당장의 성적을 올리는 것보다 더 심혈을 기울여야 한다. 오늘 품고 있는 삶의 태도가 곧 미래의 나이기 때문이다.

바람직한 삶의 태도가 중요하다는 것은 모두 안다. 유치원 때부터 숱하게 듣고 배웠다. 그런데도 삶의 현장에서 바람직한 모습으로 살기가 힘들다. 태도는 혼자만의 노력으로 형성되는 것이 아니기 때문이다. 태도는 사회, 부모, 선생님 등 여러 사람의 모습을 통해 배우게 된다. 어른들이 좋은 모습을 보였을 때 청소년들도 바람직한 태도를 형성한다. 그런 의미에서 이 책은 어른은 되었지만 부끄러운 모습이 많은 어른들의 반성문이다. 나아가 이 세상을 희망이 있는 사회로 만들어달라고 청소년들에게 부탁하는 글이다.

어떻게 하면 청소년들이 바람직한 태도를 형성할 수 있을지 고민하다 『탈무드』를 매개체로 하면 좋겠다고 생각했다. 『탈무드』는 수천 년 동안 유대인의 삶의 근간이 되어준 책이다. 유대인은 전 세계 인구의 0.2퍼센트밖에 되지 않지만 세계를 주도하고 있다. 노벨상은 물론 경제와 정치, 창의적인 분야에서 두각을 나타내고 있다. 특히 4차 산업혁명을 주도하는 분야에도 유대인이 자리하고 있다. 세계를 리드하는 유대인을 있게 한 『탈무드』라면 청소년들이 바람직한 삶의 태도를 형성하는데 도움이 될 거라 생각한 것이다.

이 책으로 바람직한 삶의 태도를 형성하려면 먼저 『탈무드』 내용을 이해하는 것부터 시작하면 좋다. 『탈무드』 이야기를 읽으며 교훈을 가슴에 새기는 것이다. 그리고 깨달음을 얻을 때까지 깊이 사색해야 한다. 사람은 스스로 깨달아야 변화가 일어나기 때문이다. 그래도 바람직한 삶의 태도를 형성하는 것이 어려울까 봐 각 글의 말미에 구체적인 실행 덕목을 실어놓았다. 『탈무드』 내용을 잘 읽고 실행 덕목을 하나하나 실천해보길 권한다. 그러다 보면 어느새 바람직한 삶의 태도가 자기 삶에 서서히 뿌리를 내릴 것이다. 뿌리를 깊이 내릴수록 여러분의 삶의 태도도 성장할 수 있다.

4차 산업혁명 시대가 위기라고 불안에 떨고 있는 청소년이 많다. 하지만 위기 속에서도 기회를 잡는 사람들은 있다. 그 기회는 바람직한 삶의 태도로 무장한 사람에게 다가간다. 태도가 미래의 자기 경쟁력이 되어주는 것이다. 바람직한 삶의 태도는 선택이 아니라 필수이다. 꼭 오늘의 삶에 바람직한 삶의 태도를 형성하도록 힘써야 한다. 태도가 달라지면 인생도 달라진다.

1

자신을 존중하는 태도를 배워라

다른 사람이 나에게 해주는 말과 평가보다 더 중요한 것은
자신이 자신을 어떻게 생각하느냐이다. 다른 사람이 뭐라고 하든지
자신이 스스로를 존중하고 사랑해주면 된다.
그럴 때 자신이 진짜 소중한 사람이라는 것을 알게 된다.
내가 얼마나 소중한 사람인지를 알아야 의미 있는 삶을 살아간다.
그럴 때 바람직한 삶의 태도도 형성된다.

자신을 존중하는
사람이 돼라

이 세상에서 내가 나를 위하지 않는다면 도대체 누구를 위할 수 있는가?

나 자신을 위해 존재하지 않는다면 나는 누구를 위해 존재하는 것인가?

내면에 품고 있는 생각과 마음은 겉으로 드러나기 마련이다. 아무리 감추려고 해도 밖으로 나타나게 되어 있다. 의식적으로 감추려고 해도 잘 안 된다. 자신도 모르는 사이에 언젠가는 표출이 되고 만다. 우리 삶은 생각하고 마음먹은 대로 살아지기 때문이다.

바람직한 삶의 태도는 내면에 담겨 있는 것으로 결정된다. 내면이 아름다우면 겉으로 나타난 모습도 아름다울 수밖에 없다. 굳이

태도의 힘

바람직한 삶의 태도를 품으려고 노력하지 않아도 저절로 좋은 모습이 나타난다.

　내면을 아름답게 가꾸려면 자신을 존중할 수 있어야 한다. 스스로를 존중해야 자신이 얼마나 소중한 사람인지 알게 된다. 자신이 소중한 사람, 괜찮은 사람이라는 생각이 있어야 바람직한 행동을 할 수 있다. 반대로 자신을 쓸모없는 사람으로 생각하면 함부로 행동하게 된다.

　위 『탈무드』 이야기도 자기 존중에 대한 메시지를 전하고 있다. 이 세상에서 자신을 존중해줄 사람은 자신밖에 없다고 말한다. 가만히 생각해보면 정말 맞는 말이다. 다른 사람이 자신을 위해주는 것은 한계가 있다. 자신의 현재 모습을 가장 잘 알 수 있는 사람은 자신밖에 없다. 자신을 낳아준 부모님도 자신보다 더 잘 알 수는 없다. 가족도 친구도 마찬가지다.

　그럼에도 많은 청소년들이 자신보다 다른 사람의 의견에 귀를 기울인다. 근래 청소년들 사이에 많은 인기를 끄는 것이 '얼평'이라고 한다. 본인의 외모를 사진으로 찍고 웹 사이트에 올려 평가를 받는 것이다. 자신이 어떤 사람인지도 모르는 사람들에게 사진만으로 평가받는다. 사람들은 사진만 보고 점수나 짧은 댓글로 평가를 해준다. 그 평가로 자신이 어떤 사람인지를 결정한다.

　'얼평'이 인기를 끄는 것은 자신이 어떤 사람인지를 스스로 판단하지 못하기 때문이다. 자신이 어떤 사람인지 스스로 결정하지 못하기 때문에 누군가에게 판단받으려고 한다. 자신의 생각이나 가치와 신념은 상관없이 겉으로 드러난 모습만으로 판단 받으려고 한다.

얼평으로 누군가 좋은 평가를 해주면 자신이 괜찮은 사람이라고 생각한다. 반면에 좋지 않은 평가를 하면 괜히 위축된다. 스스로를 존중하지 못하고 쓸모없는 사람 취급한다. 이와 관련된『탈무드』이야기를 살펴보면 이해가 쉽다.

현명하고 지혜로운 랍비가 있었다. 그러나 얼굴은 못생긴 편이었다. 생김새뿐만 아니라 피부도 거칠고 머릿결도 푸석거려 한눈에 봐도 못생겼다는 것을 알 수 있었다.

어느 날 이웃 나라 왕이 그를 초대했다. 궁에서 공주를 만난 랍비는 공손하게 인사를 했다. 그의 얼굴을 자세히 본 공주가 이렇게 말했다.

"명성이 자자한 총명한 지혜가 형편없이 못생긴 그릇에 담겨 있군요."

그 말에 랍비가 이렇게 질문했다.

"공주님, 이 궁궐에 술이 있나요?"

"네, 있습니다."

"그 술은 어떤 그릇에 담아 두나요?"

"그야 흙으로 만든 항아리나 주전자 같은 그릇에 담아 두죠."

태도의 힘

"금그릇이나 은그릇도 많을 텐데 훌륭한 공주님께서는 어찌 보잘것없는 진흙으로 만든 항아리를 쓰시나요?"

랍비의 말에 자존심이 상한 공주는 진흙 항아리에 담겨 있던 술을 전부 금과 은으로 된 화려한 그릇으로 옮겼다.

며칠 후 왕이 식사를 사면서 술을 내오라고 했다. 술을 마시던 왕이 갑자기 화를 내며 소리쳤다.

"술 맛이 왜 이렇게 변했느냐? 도저히 마실 수가 없구나!"

나라에서 최고의 맛을 자랑하던 술은 못 마실 정도로 맛이 변해 있었다. 왕이 소리 높여 물었다.

"누가 이런 그릇에 술을 담았느냐?"

공주가 마지못해 앞으로 나가 대답했다.

"제가 옮겨 담았습니다. 금그릇과 은그릇에 담으면 술맛이 더 좋을 것 같아서입니다."

왕에게 꾸지람을 들은 공주는 몹시 화가 나 랍비에게 달려가 따졌다.

"당신은 어째서 내게 그런 일을 하라고 시킨 거죠?"

"저는 단지 공주님께 가르쳐 드리고 싶었을 뿐입니다. 매우 귀중한 것도 때로는 싸구려 그릇에 넣어 두는 편이 나을 때가 있다는 사실을요. 또 외모가 형편없어도 그 안에는 지혜가 담겨 있을 수도 있으니 비웃어서는 안 된다는 것을 말씀드리려고 한 것입니다."

다른 사람이 나에게 해주는 말과 평가보다 더 중요한 것은 자신이 자신을 어떻게 생각하느냐이다. 다른 사람이 뭐라고 하든지 자신이 스스로를 존중하고 사랑해주면 된다. 그럴 때 자신이 진짜 소중한 사람이라는 것을 알게 된다. 내가 얼마나 소중한 사람인지를 알아야 의미 있는 삶을 살아간다. 그럴 때 바람직한 삶의 태도도 형성된다.

다음 『탈무드』 이야기를 생각하며 자신을 존중하는 사람이 되도록 해보자.

자신에게 가장 좋은 스승은 바로 자신이다. 자신만큼 잘 알고 있고, 자신만큼 깊이 동정하며, 자신만큼 강하게 격려해주는 스승은 없다.

✡ 어떻게 자신을 존중할 수 있을까?

자신을 존중하려면 먼저 자신이 얼마나 소중한 사람인지 스스로에게 말해주는 것으로 시작하면 좋다. 남이 해준 말도 영향이 있지만 자신이 자신에게 해주는 말은 더 강력한 영향력이 있다.

학교와 학원, 과도한 학업으로 시간이 부족하더라도 자신을 돌아보는 시간을 가져야 한다. 그리고 자신과 대화의 시간을 마련하라. "넌 지금까지 잘해왔어. 앞으로도 잘할 수 있을 거야." 남들이 뭐라고 하든지 "넌 세상에 하나밖에 없는 소중한 존재야."라고 말을 해주라. 자신을 위로하고 자꾸 괜찮은 존재라고 이야기해주다 보면 진짜 자신이 소중한 사람이라고 생각하게 된다.

두 번째는 자화상을 그려보는 것도 좋다. 자화상self-portrait은 자신을 발견하기 위해 그리는 그림을 말한다. 화가들은 자화상을 그리며 자신이 어떤 사람인지를 성찰했다. 그러면서 더 나은 모습으로 성장하는 밑거름으로 삼았다. 자신이 어떤 사람인지 명확하게 알아야 더 나은 삶으로 변화될 수 있다.

자화상을 그릴 때 염두에 두어야 할 것이 있다. 최대한 긍정적으로 그리는 것이다. 최고로 멋진 자신의 모습을 생각하며 그리는 것이 중요하다. 우울하고 괴로워하는 모습보다 자신감 넘치고 활기찬 모습을 연상하며 그리면 그 모습을 닮아가기 마련이다. 긍정적으로 자신을 표현하다 보면 자연스럽게 자신을 존중하는 마음도 생긴다.

오늘의 실천 노트

● 자신의 자화상을 그려보세요. 단, 최고로 멋지고 자신감에 넘친 모습을

스케치해야 합니다. 그리고 말풍선을 그려 칭찬의 말을 써주세요.

태도의 힘

자신의 일을
깊이 반성하며 살펴라

두 사람이 랍비에게 상담하려고 찾아갔다. 한 사람은 그 고장에서 제일가는 부자였다. 또 한 사람은 가난한 사람이었다. 두 사람은 대기실에서 기다리고 있었다. 일찍 온 부자가 먼저 랍비의 방으로 들어갔다. 그는 한 시간이 지난 후 방에서 나왔다.

이윽고 가난한 사람이 방으로 들어갔다. 그와의 면담은 5분으로 끝났다. 가난한 사람은 언짢은 생각이 들어 랍비에게 항의했다.

"부자와의 면담은 한 시간이나 걸렸습니다. 그런데 저와는 단 5분이 걸렸습니다. 이것이 공평한 건가요?"

그러자 랍비가 가난한 사람에게 대답했다.

"진정하세요. 당신은 자신의 가난함을 알고 있지만 부자는 자신의 마음이 가난하다는 것을 알기까지 한 시간이나 걸렸답니다."

바람직한 삶의 태도를 형성하려면 먼저 자기 내면을 바르고 건강하게 가꾸어야 한다. 그러려면 내면을 성찰해야 한다. 성찰은 '자신의 일을 반성하며 깊이 살피는 것'을 의미한다. 지나온 시간을 되돌아보며 삶이 바람직했는지 아닌지를 살펴보는 행동이다. 철학자 키르케고르는 "인생은 오직 뒤를 돌아보아야만 이해된다."라는 말을 했다. 더불어 "애석하게도 사람은 앞을 보며 살아가는 존재."라고 한다. 지나온 삶을 되돌아보며 온전히 성찰해야 앞으로의 인생도 의미 있게 살아갈 수 있다는 의미다.

로마의 철학자 키케로는 "과거에 어떤 일이 이루어졌는지 모른다면 항상 어린아이처럼 지내는 셈이다."라고 쓴소리를 했다. 과거를 돌아보지 않으면 바람직한 인성은커녕 어린아이처럼 지내게 된다는 것이다. 『탈무드』에도 자기 성찰에 대한 메시지는 빠지지 않는다.

매일 자신의 결점에 대해 생각하는 시간을 반드시 마련하라.

철학자 키르케고르나 키케로와 같은 의미의 말이다. 성찰 없이는 보다 나은 미래를 보장받을 수 없고, 바람직한 삶의 태도를 형성하기도 힘들다는 메시지를 강하게 전하고 있다.

유대인들은 항상 질문하고 대화하고 토론하고 논쟁하며 살아간다. 어린 나이부터 어른이 되어서까지 이 방법으로 교육하고 지혜를 전수한다. 무슨 일이든지 서로가 질문하고 대화하며 논리적으로 생각하고 자기만의 생각을 만들어간다.

위 예화에서도 다르지 않다. 가난한 사람은 자신이 어떤 존재인지 명확하게 알고 있었다. 그러나 부자는 자신이 어떤 존재인지 알지 못했다. 랍비는 부자가 자기 존재를 명확하게 보게 하려고 많은 시간을 투자했다. 자신의 삶을 되돌아보게 했을 것이고, 어떤 가치관으로 살아가고 있는지, 추구하는 것이 무엇인지 질문했을 것이다. 그렇게 묻고 대답하면서 자기 존재를 파악하도록 이끌었을 것이다. 자신이 어떤 존재인지 모르면 바람직한 삶을 살아갈 수 없다.

자기 삶을 성찰해야 하는 이유는 오늘 자신의 모습을 제대로 바라볼 수 있기 때문이다. 현재 모습이 제대로 파악이 되어야 무엇을 보완하고 무엇을 더 발전시켜야 할지 알 수 있다. 어디로 가야 하는지 알지 못하면 우리는 어떤 곳으로도 갈 수 없다. 최첨단 기계가 길을 척척 알려준다고 해도 현재 위치를 모르면 방향도 목적지도 탐색이 어렵다. 내비게이션으로 길을 탐색할 때 가장 중요한 것은 현재 위치다. 현재 위치가 파악이 되어야 목적지를 향한 경로 탐색이 가능해진다.

우리가 역사를 배우는 이유도 다르지 않다. 역사를 알아야 현재를 알고 미래를 예측할 수 있다. 역사에는 일정한 흐름이 있다. 그 흐름이 파악되면 현재가 이해되고 미래를 디자인 할 수 있다. 역사에는 성공과 실패, 좌절과 희망, 삶의 의미와 존재의 이유를 발견하는 힌트가 숨겨져 있다. 그래서인지 미국의 철학자 조지 산타야나는 여러 나라의 역사를 연구하면서 알게 된 것을 이렇게 결론짓는다. "자신의 역사를 알지 못하는 나라는 과거를 되풀이할 수밖에 없다." 일정하게 흐르는 삶의 궤적을 살피지 못하면 지난 삶과 똑같이 살 수밖에 없다고 강조한다.

우리의 현재 모습도 과거에 생각하고 행동했던 결과물이다. 과거 삶의 흐름들이 오늘도 이어지고 있는 것이다. 그래서 성찰이 필요하다. 자신의 일을 반성하며 깊이 살펴야 인생의 흐름을 바꿀 수 있다. 인생의 물줄기를 보다 나은 쪽으로 틀어야 바람직한 삶의 태

태도의 힘

도와 행복을 완성해갈 수 있다. 그 의미를 『탈무드』 이야기를 통해 살펴보자.

> 한 랍비가 제자를 초대해 함께 저녁 식탁에 앉았다. 랍비가 제자에게 이렇게 말했다.
> "우선 기도문부터 외워라."
> 제자는 기도문을 외우기 시작하다 이내 그만두고 말았다. 이제까지 배운 기도문도 거의 외우지 못했다. 랍비는 화가 나서 제자를 꾸짖었다. 식사가 끝나자 제자는 풀이 죽어 돌아갔다.
> 며칠 뒤, 랍비는 제자에 대한 소문을 들었다. 그가 환자를 돌보아주고, 가난한 사람들에게 많은 선행을 베풀고 있다는 이야기였다. 순간 랍비는 부끄러운 생각이 들었다. 그는 제자들이 모이자 이렇게 말했다.
> "마음속 생각은 행동으로 나타나게 되어 있다네. 하지만 몇만 권의 책을 읽어서 많은 지식을 갖고 있다 해도 마음을 경작하지 않는다면 단지 알고 있는 것에 불과할 뿐이라네."

성찰은 마음을 경작하는 행동이다. 지나온 삶을 살펴 마음밭에 난 잡초를 제거하는 작업이다. 잡초가 난 밭에는 농작물이 자랄 수 없다. 잡초는 질기고 강해 사람에게 도움을 주는 농작물이 자라지 못하도록 방해한다. 몇 번의 농약을 뿌려도 내성이 강해져 더 왕성하게 마음밭을 사로잡아버린다. 그래서 뿌리까지 완전히 뽑아야 한다. 뿌리까지 제거해야 다시는 잘못된 행동을 반복하지 않는다. 어제보다 나은 오늘은 자신을 살피고 반성하는 행위로부터 시작된다. 그 행위가 바로 성찰이다.

✡ 어떻게 자기 삶을 성찰할 수 있을까?

성찰할 수 있는 가장 좋은 방법은 일기쓰기다. 그런데 일기쓰기는 청소년들이 가장 싫어하는 일이다. 어린 시절 일기 검사를 받으면서 상처받고 꾸지람을 들어서이다. 자꾸만 자기 느낌을 적지 않았다고 혼나다 보니 일기쓰기가 싫어진 것이다. 솔직하게 하루 동안의 이야기를 쓰며 성찰의 시간을 가지면 그만인데, 검사하는 사람은 쓴 일기를 가지고 잔소리를 하는 경우가 많다. 잘못된 길로 가지 말라는 훈계지만 당사자는 듣기 싫다. 솔직하게 썼는데 돌아오는 것은 충고와 잔소리뿐이다. 그런 일을 자주 겪다 보니 마음의 문을 닫아버린 것이다.

진득하게 하루를 되돌아보는 시간을 투자하는 것이 힘든 것도 있다. 일기를 쓰려면 시간을 갖고 가만히 하루의 삶을 되돌아봐야 한다. 그리고 그 안에서 성찰할 거리를 찾아 글로 표현해야 한다. 한 편의 일기를 쓰려면 긴 시간이 필요하다. 많은 시간을 투자하며

태도의 힘

자기 삶을 되돌아봐야 하는데 그럴만한 시간이 없다. 시간을 쪼개며 학원을 다녀야 하는 이유 때문이다. 요즘은 스마트폰이 자신의 성찰을 방해하는 주범이다. 일기를 쓰지 못하는 이유는 이 외에도 무수히 많다. 그럼에도 일기를 써야 한다. 일기만큼 자신을 성찰할 수 있는 좋은 도구가 없기 때문이다.

누군가에게 보여주거나 검사받는 일기가 아니라 온전히 자기 삶을 성찰하는 도구로서의 일기를 써라. 단 몇 줄을 끄적여도 된다. 낙서도 그림도 만화도 괜찮다. 자기 삶을 성찰하는 것이라면 어떤 형식이라도 좋으니 반드시 자신의 일을 반성하며 깊이 살피는 시간을 가져야 한다. 성찰해야 자기 삶이 이해되고 더 나은 삶으로 발전할 수 있다.

두 번째는 자서전을 써보는 것이다. 자서전은 자신의 생애를 기록한 글이다. 탄생부터 현재의 삶을 살피며 성찰한 내용을 담아내는 과정이다. 자신의 삶을 살펴 글로 적다 보면 자연스레 성찰이 이뤄진다. 진솔하게 자기 이야기를 서술하다 보면 내면의 아픈 상처가 치유된다. 자신의 잘못된 점이 발견되니 관계 회복에도 도움이 된다.

청소년들이 어른들이나 쓰는 자서전을 쓸 필요가 있느냐고 생각할 수도 있다. 그러나 이미 많은 청소년이 자서전을 쓰며 자기 삶을 성찰하고 미래를 디자인하고 있다. 필자의 저서 중에는 『진짜 공신들이 쓰는 미래 자서전』이라는 책이 있다. 5년 전에 출간된

책이다. 그동안 학교 현장에서는 많은 학생들이 자서전을 쓰며 자신을 성찰하는 시간을 가졌다. 자서전을 쓴 학생들마다 만족도가 높았다. 그러니 괜한 오해로 시간 낭비하지 말고 자서전을 써보라. 써본 사람만이 참맛을 안다. 삶을 성찰할 수 있어야 자기를 이해하고 보다 나은 미래도 설계할 수 있다. 당연히 바람직한 삶의 태도의 중요성도 깨닫게 된다. 사람은 깨달아야 스스로 움직인다.

태도의 힘

오늘의 실천 노트

오늘 하루를 되돌아보며 다음 칸을 채워보세요.

● 오늘 하루 스스로를 칭찬해줄 일이 있다면 무엇일까요?

● 오늘 하루 아쉬움이 남는 일이 있다면? 무엇을 반성해야 할까요?

● 오늘 하루 해서는 안 될 일을 한 것이 있다면? 그 이유는 무엇일까요?

● 내일 중요한 일은 무엇이 있나요? 어떤 하루를 살아가고 싶은가요?

감사가
오늘의 삶을 바꾼다

세상에서 가장 강한 사람은 자기를 이기는 자이고, 가장 부유한 사람은 만족할 줄 아는 자며, 가장 지혜로운 사람은 배우는 자이고, 가장 행복한 사람은 감사하며 사는 자이다.

삶의 태도가 형성되는 과정은 다양하다. 유전적으로 타고나는 경우가 있고, 자라난 환경의 영향을 받기도 하며, 부모의 양육 태도에 의해 삶의 태도가 형성되기도 한다. 방해 요소가 있다면 내면의 아픈 상처이다. 어린 시절 받은 아픈 상처는 바람직한 삶의 태도를 형성하는데 끊임없이 방해 공작을 펼친다. 이 또한 외형적인 영향이라고 볼 수 있다.

그러나 자아가 형성되기 시작할 시기인 청소년기부터는 자신이

태도의 힘

품고 있는 생각과 가치의 영향을 받는다. 외부의 영향이 내면화 된 것으로 삶의 태도가 결정된다. 즉, 자신이 어떻게 생각하고 행동하느냐에 따라 삶의 태도가 결정된다.

완벽한 환경 속에서 바람직한 삶의 태도를 형성하며 살면 얼마나 좋을까. 이 세상의 모든 청소년이 행복한 환경 안에서 자라야 한다. 그러나 이런 바람은 이루어지기 힘들다. 어떤 환경도 완벽할 수가 없다. 누구나 결핍을 느끼며 살아가기 마련이다. 그러니 자기 삶의 환경을 탓하는 것에 에너지를 소비하지 말자. 불평과 불만을 늘어놓는다고 변할 것은 없다. 그 시간에 자신이 조금이라도 좋은 쪽으로 변할 수 있는 방법을 찾는 것이 더 현명하다.

자신이 자란 환경과 상관없이 바람직한 삶의 태도를 형성할 수 있는 방법이 있다. 바로 감사의 태도를 갖는 것이다. 감사는 행복과 바람직한 삶의 태도의 문을 열고 들어가는 만능열쇠다.

감사는 고맙게 여기는 마음을 말한다. 어떤 상황에서도 감사할 것을 찾아 그것을 표현하는 태도이다. 감사할 것이 있어야 감사하는 것 아니냐고 되물을 수도 있다. 그러나 다음 이야기를 읽다 보면 감사 본연의 의미를 이해할 수 있다.

최초의 인간은 빵 하나를 만들어 먹기 위해 많은 일을 해야 했다. 우선 밭을 갈고, 씨앗을 뿌리고, 그것을 가꾸고, 수확하고, 빻아서 가루로 만들고, 반죽하고, 굽고……. 적어도

15단계의 과정을 거치지 않으면 안 되었다.

그러나 지금은 돈만 내면 빵집에 가서 만들어놓은 빵을 살수 있다. 옛날에는 한 사람이 해야 했던 15단계의 일을 여러 사람이 나누어 해주고 있기 때문이다. 그러므로 빵을 먹을 때에는 많은 사람에게 감사하는 마음을 잊어서는 안 된다.

최초의 인간은 자기 몸에 걸칠 옷 하나를 만들기 위해 많은 수고를 해야 했다. 들에 가서 양을 사로잡고, 그것을 키우고, 털을 깎고, 그 털로 실을 만들고, 옷감을 짜고, 그것을 다시 꿰매어 입기까지는 상당한 수고를 들여야 가능했다.

그런데 지금은 돈만 내면 옷가게에서 마음에 드는 옷을 살수 있다. 옛날에는 혼자 했던 많은 일을 여러 사람이 나누어 하고 있다. 그러므로 옷을 입을 때에는 많은 사람에게 감사하는 마음을 잊어서는 안 된다.

우리가 살아가며 공급받는 모든 것은 누군가가 수고한 땀의 결정체들이다. 눈에는 보이지 않지만 어딘가에서 열심히 일하고 수고한 사람들에 의해 일상생활에서 필요한 것들을 얻는다. 물론 생필품을 구입할 때 적정한 가격으로 대가를 지불한다. 그러나 누군가의 수고가 없다면 아무리 많은 돈으로도 필요한 것을 구입할 수 없다. 감사는 조건이 아니라 아무런 조건 없이 해야 하는 덕목이라는 메시지다.

태도의 힘

감사의 태도를 품고 생활 속에서 실천하면 우리 삶은 좋은 쪽으로 변한다. 유대인들의 삶을 보면 이해가 쉽다. 유대인들은 수천 년 동안 비참한 환경 속에서 살아야 했다. 하루아침에 삶의 터전을 빼앗기고 쫓겨나기 일쑤였다. 먹고 살 수 있는 것도 마땅치 않았다. 나라 없이 세계를 떠돌아다니다 수백만 명이 학살을 당하기도 했다. 비참한 삶이 언제 그칠 줄 모르는 상황 속에서 살아야 했다. 눈을 크게 뜨고 찾아봐도 감사할 만한 것이 없었다.

그럼에도 그들은 감사하며 살았다. 감사하게 생각하고 행동할 때 삶을 바라보는 태도를 바꿀 수 있었다. 상황은 변하지 않지만 그 상황을 받아들이는 태도를 바꾸는 길이 감사라는 것을 일찍이 안 것이다. 그래서 가장 행복한 사람은 감사하며 사는 사람이라고 말한다.

만약 한쪽 다리가 부러지면 두 다리 모두 부러지지 않은 것에 대해 감사를 드려라. 만약 두 다리가 모두 부러지면 목이 부러지지 않은 것에 대해 감사를 드려라. 목이 부러질 것에 대해서는 걱정할 필요가 없다. 만약 목이 부러진다면 그때는 걱정할 수도 없을 테니까.

감사하지 않아도 아무렇지 않을 것이라고 생각하는 청소년들이 있다. 그러나 감사하지 않으면 아무런 일이 일어나지 않는 것이 아니다. 오히려 삶이 나쁜 쪽으로 흘러갈 가능성이 크다. 감사하지 않으면 그 마음에 불평과 짜증이 자리를 잡는다. 우리는 부정적인 것에 더 잘 반응하기 때문이다. 라이퍼 곱스는 "감사할 줄 모르는 사람을 벌하는 법은 없다. 감사할 줄 모르는 삶 자체가 벌이기 때문이다."라고 했다. 그러니 감사는 해도 되고 안 해도 되는 선택의 문제가 아니다. 어떤 상황에서도 꼭 실천해야 하는 필수 덕목이다.

✡ 어떻게 감사의 태도를 품을 수 있을까?

첫째, 자신이 가진 것에 감사한다. 자신에게 없는 것을 부러워하거나 불평하는 것이 아니라 현재 상황에 감사하는 마음으로 사는 것이 중요하다. "하루에도 수백만 가지의 기적이 일어나지만 그것을 기적으로 믿는 사람에게만 기적이 된다."고 로버트 슐러는 말했다. 같은 상황에서도 그것을 바라보는 태도에 따라 삶이 달라진다는 의미다.

그런데 이것이 쉽지 않다. 요즘은 SNS가 발달해 많은 것을 보고 느낀다. 누구는 무엇을 샀고, 누구는 어디를 여행 갔는지 훤히 들여다볼 수 있다. 그러다 보니 자신이 가진 것보다 가지지 못한 것에 더 시선이 모아진다. 가지지 못한 것에 초점을 맞추면 감사의 태도를 갖기 힘들다. 그러므로 항상 자신이 가진 것, 현재 처한 상황을 좋은 쪽으로 해석하고 감사해야 한다. 그렇게 하나하나 감사

태도의 힘

하다 보면 삶은 서서히 좋은 쪽으로 변화되기 시작한다.

둘째, 감사 일기를 적는 것도 좋다. 하루를 정리할 시간에 감사할 거리를 찾아 적는 것이다. 대단한 것이 아니어도 좋다. 일상적인 내용들이어도 괜찮다. 아프지 않고 잘 자고 일어난 것, 학교생활을 잘할 수 있게 된 것, 학교 친구와 있었던 일들 중에서 감사할 것을 찾아 적으면 된다. 감사할 것을 찾아 적다 보면 인생에서 진짜 소중한 것이 무엇인지 발견하게 된다. 그러다 보면 자신이 처한 상황과 삶을 긍정적으로 바라볼 수 있다. 나무가 햇볕을 향해 조금씩 줄기를 뻗어 아름드리나무가 되어 열매를 맺어가는 이치와 같다.

꼭 하루를 정리하는 시간에 감사할 것을 적어보아야 한다. 인생을 바꾸고 성공과 행복의 문을 여는 열쇠는 감사하는 태도에서 시작된다.

오늘의 실천 노트

● 오늘 하루를 되돌아보며 감사했던 것을 모두 적어보세요.

태도의 힘

인간의 모든 일은
마음에 의해 좌우된다

인간의 모든 일은 마음에 의해 좌우된다. 마음은 보고, 듣고, 이해하고, 사랑하고, 미워하고, 질투하고, 생각하고, 반성하는 등 모든 것을 결정한다. 따라서 가장 강인한 인간은 자신의 마음을 자유자재로 조절할 수 있는 사람이다.

우리가 처한 현실을 당장은 바꾸기 힘들다. 그러나 서서히 좋은 쪽으로 변화시킬 수는 있다. 다른 사람의 도움이 아닌 자기 혼자의 힘으로도 얼마든지 가능하다. 청소년이라도 얼마든지 해낼 수 있다. 삶을 변화시키는 힘은 바로 긍정의 태도를 삶에 덧입히는 것이다. 긍정은 감사와 한쌍을 이룬다. 삶에서 감사할 것들을 발견하려면 긍정적인 생각이 필요하다. 긍정적이지 않으면 감사할 것이 보이지 않기 때문이다.

우리의 삶은 생각의 산물이다. 생각하는 대로 인생이 펼쳐지는 것이다. 마치 자석이 철을 당기는 것처럼 생각하고 있는 방향으로 인생은 조금씩 이끌려간다. 삶은 바라보는 태도에 따라 지옥이 되기도 하고 천국이 되기도 한다. 그 의미를 『탈무드』 이야기로 살펴보자.

어떤 마을에 가난한 농부가 살고 있었다. 그는 어느 날 마을의 랍비를 찾아가 눈물을 글썽이며 호소했다.

"우리 집은 게딱지만한데 아이들은 주렁주렁 딸렸을 만큼 많습니다. 그리고 제 아내만한 악처는 또 없을 것입니다. 아마도 이 나라에서 가장 악처일 것입니다. 아, 저는 어떡하면 좋을까요?"

농부의 호소를 들은 랍비가 물었다.

"자네, 염소를 기르고 있는가?"

"물론이죠."

"그렇다면 염소를 집 안에 들여놓고 기르게나."

농부는 랍비의 말에 의아하다는 듯이 쳐다보았다. 그렇지만 어쩔 수 없이 랍비가 시킨 대로 해볼 수밖에 없었다.

이튿날 농부는 다시 랍비를 찾아와 말했다.

"더 이상 견딜 수가 없습니다. 악처에다 염소까지 함께 살아

태도의 힘

야 하니 더는 못 참겠습니다."

농부의 호소에 아랑곳 않고 랍비가 말을 이어갔다.

"닭을 기르고 있는가?"

"물론입니다."

"그럼 닭을 전부 집 안에 들여 기르게나."

사나이는 또다시 의아한 표정으로 돌아갔다. 그리고는 이튿날 또 찾아왔다.

"이젠 세상이 끝장입니다."

"그렇게 괴로운가?"

"악처 마누라에 염소에 닭 열 마리까지! 오오! 하나님 맙소사!"

농부의 말을 듣던 랍비가 이렇게 처방을 내놓았다.

"그럼 이번에는 염소와 닭을 모두 밖으로 내몰고 내일 또한 번 찾아오게나."

이튿날 그 가난한 농부는 다시 찾아왔다. 이번엔 혈색도 좋고 마치 황금의 산에서 나온 것처럼 두 눈이 번쩍번쩍 빛나고 있었다.

"염소와 닭을 모두 내몰았더니 집이 궁전 못지않습니다!"

삶을 긍정적으로 바라보면 어떤 상황에서도 희망을 발견할 수 있다. 그러나 부정적으로 바라보면 좋지 않은 생각에 휩싸이게 된다. 다른 이야기로 그 의미를 이해해보자.

한 사나이가 여행을 하고 있었다. 당나귀와 개, 그리고 어두움을 밝힐 작은 램프를 들고 여행을 시작했다. 아침 일찍 일어나 여행을 시작했는데 그만 날이 저물기 시작했다. 사나이는 동물들과 하룻밤 묵을 장소를 구하다 빈 헛간을 발견했다. 그는 헛간에서 하룻밤을 보내기로 했다.

헛간이 좁아 당나귀와 개는 헛간 문 앞에 묶어 두었다. 잠을 자기에는 이른 시간이라 램프를 밝히고 책을 읽었다. 책을 읽고 있는데 세찬 바람이 불어 그만 등불이 꺼지고 말았다. 사나이는 하는 수 없이 잠을 자기로 했다. 여행으로 쌓인 피로 때문에 사나이는 깊은 잠에 빠졌다.

아침이 되어 눈을 뜬 사나이는 뭔가 이상한 느낌이 들었다. 문을 열고 밖으로 나가자 차마 눈을 뜨고 볼 수 없을 만큼 참혹한 광경을 보고 말았다. 어제까지 함께 여행을 한 당나귀와 개가 처참하게 죽어 있었다. 사나이가 잠을 자고 있는 동안 여우가 와서 개를 죽이고 사자가 와서 그의 당나귀를 죽인 것이다.

개와 당나귀를 잃은 슬픔에 빠진 사나이는 혼자 램프만 들고 쓸쓸히 길을 나섰다. 헛간을 떠나 마을에 다다랐는데도 사람 하나 보이지 않았다. 불길한 느낌에 사나이는 마을을

태도의 힘

자세히 둘러보다 혼자 흐느끼고 있는 사람을 만났다. 그는 떨리는 목소리로 어젯밤 이야기를 전해주었다. 전날 밤, 도둑떼가 이 마을을 습격하여 사람들을 죽이고 물건을 빼앗아 갔다고 했다.

사나이는 가만히 어젯밤 일을 생각했다. 램프가 꺼지지 않았다면 자신도 도둑들에게 발각되었을 것이다. 또 개와 당나귀가 살아 있었다면 동물의 요란한 울음소리를 듣고 도둑들이 몰려왔을 것이다. 안타까운 일이지만 개와 당나귀가 죽임을 당해 자신이 살아남을 수 있었다.

사나이는 하나의 진리를 깨달았다.

사람은 최악의 상태에서도 희망을 잃어서는 안 된다. 나쁜 일이 좋은 일로 바뀔 수도 있다는 사실을 믿어야 한다.

어떤 상황에서도 좋은 쪽을 바라보면 나쁜 일도 좋은 일로 바뀔 수 있다는 말은 지금 청소년들에게 꼭 필요한 말이다. 왜냐하면 청소년들이 처한 현실이 희망적이지 못하기 때문이다.

청소년들은 인공지능으로 대변되는 4차 산업혁명 앞에 놓여 있다. 전문가들은 현재 직업의 47퍼센트가 사라질 것이라고 전망한다. 새로운 일자리가 생기겠지만 기회는 많지 않다고 한다. 그만큼 힘겨운 미래 속으로 들어가야 한다. 그래서 더더욱 긍정적인 태도가 필요하다. 긍정적으로 바라보면 방법이 보이고 희망이 생긴다.

희망은 오늘의 삶에 열정을 쏟아 붓게 만들어 삶을 서서히 좋은 쪽으로 변화시키기 때문이다.

중국의 춘추전국시대는 미래를 예측하기 힘들 정도로 불안정했다. 그때를 살았던 공자의 제자 중 두 사람의 모습은 오늘을 사는 청소년들에게 많은 가르침을 준다. 바로 공멸과 자천이다.

어느 날 공자가 하급관리로 일하고 있는 조카 공멸에게 물었다.

"하급관리로 일하면서 얻은 것과 잃은 것은 무엇이냐?"

공멸이 대답했다.

"얻은 것은 하나도 없고 세 가지를 잃었습니다. 첫째는 일이 많아 공부를 전혀 못 했고, 둘째는 보수가 적어 친척들에게 좋은 대접을 못 했으며, 셋째는 늘 공무에 쫓기다 보니 친구와 사이가 멀어졌습니다."

그 후 공자는 공멸과 같은 벼슬을 지내고 있는 제자 자천에게 똑같은 질문을 했다. 자천이 대답했다.

"저는 잃은 것은 하나도 없고 세 가지를 얻었습니다. 첫째는 배운 것을 실행해보게 되어 배운 내용이 더욱 확실해졌습니다. 둘째는 보수를 아껴가며 친척들을 접대하니 더욱 더 친숙해졌습니다. 셋째는 바쁜 공무 중에도 여가 시간에 친구들과 교제하니 우정이 더욱 두터워졌습니다."

긍정은 어떤 상황에서도 좋은 쪽으로 해석하고 바라보는 태도이다. 현실은 변함이 없지만 희망적인 생각과 말과 행동을 하겠다는 다짐이다. 그렇게 하루하루를 살아가면 반드시 삶은 좋은 쪽으로 바뀌게 되어 있다. 바람직한 삶의 태도도 형성된다.

✡ 어떻게 긍정적인 태도를 형성할 수 있을까?

첫째, 삶이 좋은 방향으로 전개될 거라고 기대하며 사는 것이다. 또한 자신의 미래와 하고 있는 일에 좋은 결과를 기대해야 한다. 안 되는 것이 아니라 되는 쪽으로 시선과 마음을 집중시키는 행동을 하는 것이다. 그러면 포기와 불평이 아니라 기대와 방법이 보인다. 필리핀 속담에 '하고 싶은 일에는 방법이 보이고, 하기 싫은 일에는 핑계가 보인다.'라는 말이 있다. 이 말은 긍정의 태도와 관련이 있다. 긍정적으로 생각하면 방법이 보이고 소망이 생긴다.

해보고 싶다는 의욕이 마음속에서 솟아나게 만든다.

둘째, 상황이 좋지 않아도 희망적인 말을 하는 것도 중요하다. '말이 씨가 된다'는 속담이 있다. 우리가 내뱉은 말은 우리 마음밭에 떨어지면 생명력을 얻어 자란다. 자기 마음밭에 던진 말대로 열매를 맺는 것이다. 부정적인 말은 부정적인 결과를, 긍정적인 말은 긍정적인 결과를 만들어낸다. 그러니 어떤 상황에서든지 긍정적인 말을 해야 한다. 생각과 말을 바꾸면 긍정적인 삶의 태도를 소유할 수 있다.

태도의 힘

오늘의 실천 노트

● 오늘 했던 말들을 생각해보세요. 무슨 말을 가장 많이 했나요? 자신이 했
   던 말을 적어보세요.

● 혹시 부정적인 언어를 사용했다면 긍정문으로 바꿔보세요.

예) "발표를 하는데 떨려서 잘 못할 것 같아." → "틀려도 괜찮으니 한 번 해
   보는 거야."

2

명확한 비전이
올바른 삶의 태도를 만든다

앞으로 삶이 어떻게 펼쳐질지 구체적으로 그려낼 수 있는 사람과
그렇지 않은 사람은 많은 차이가 있다.
미래를 선명하게 그려낼 수 있다면
오늘을 의미 있게 보낼 수 있다.
바람직한 삶의 태도 아래 희망을 품고 미래를 준비하자.

오늘을 의미 있게
살게 하는 원동력

어떤 노인이 땀을 뻘뻘 흘리며 뜰에 묘목을 심고 있었다. 그
때 지나가던 나그네가 그 모습을 보고 노인에게 물었다.

"할아버지, 날도 더운데 무슨 나무를 심고 계시나요?"

할아버지가 대답했다.

"과일 나무를 심고 있다오. 과일이 많이 열리기를 바라는 마
음으로 심고 있소."

나그네는 이상한 생각이 들었다. 노인이 어린 묘목을 심고
있었기 때문이다. 그래서 다시 물었다.

"할아버지께서는 그 나무에 언제쯤 열매가 열릴 것으로 생
각하십니까?"

"이 나무에 열매가 맺으려면 70년은 걸릴 것이오."

 태도의 힘

"70년이요? 그런데 할아버지는 그때까지 사실 수 있겠어요?"

나그네의 질문이 무엇을 뜻하는지 꿰뚫어 볼 수 있었던 노인이 대답했다.

"물론 그때까지 난 살 수 없겠지. 하지만 관계없소. 내가 태어났을 때 우리 과수원에는 과일이 많이 열려 있었소. 그건 내가 태어나기 훨씬 이전에 나의 할아버지께서 우리를 위해 심어주셨기 때문이오. 나도 내 할아버지처럼 똑같은 일을 하고 있을 뿐이라오."

나그네는 할아버지의 말을 듣고 가만히 고개를 끄덕였다.

비전Vision은 현실을 뛰어넘어 간절히 원하는 미래 모습을 또렷하게 보는 능력을 말한다. 자신이 원하는 삶을 마음속으로 선명하게 꿰뚫어 보는 능력이다. 눈앞에 보이는 현실이 아니라 장차 되고 싶고, 하고 싶고, 원하는 것들이 이루어진 모습을 볼 수 있는 것이다.

비전을 발견한 사람은 삶의 초점이 오늘이 아니라 미래에 맞춰져 있다. 그래서 오늘의 삶이 힘들고 어려워도 견디고 버틸 수 있다. 비전이 있는 사람을 보고 장래성이 있다고 말하는 것도 이 이유가 있다. 미래를 위해 오늘을 견디고 준비하고 노력하기 때문이다. 당연히 오늘의 삶을 의미 있게 보내게 된다. 위 예화의 할아버지가 어린 묘목을 심는 것처럼 말이다. 자신은 묘목을 심어도 당장 과일 열매를 따먹을 수 없다. 그러나 훗날 후손들이 과일을 따먹을 생각에 힘겨운 줄 모르고 나무를 심는다.

앞으로 삶이 어떻게 펼쳐질지 구체적으로 그려낼 수 있는 사람과 그렇지 않은 사람은 많은 차이가 있다. 미래를 선명하게 그려낼 수 있다면 오늘을 의미 있게 보낼 수 있다. 바람직한 삶의 태도 아래 희망을 품고 미래를 준비한다.

반면에 미래가 어떻게 펼쳐질지 모른다면 오늘을 의미 있게 보내지 못한다. 바람직한 태도보다 눈에 보이는 대로, 기분 내키는 대로, 생각나는 대로, 감정대로 살아가기 바쁘다. 당연히 바람직한 삶의 태도가 삶에 녹아들기 힘들다. 그래서 비전을 발견해야 한다. 훗날 자신의 삶이 어떻게 펼쳐질지 미리 꿰뚫어 보고 준비할 수 있는 능력이 필요하다. 그 의미를 다음 예화로 이해해보자.

어떤 부자에게 노예가 있었다. 그는 노예를 해방시켜주기로 했다. 노예가 넉넉히 살아갈 수 있는 물건을 배에 실어 주면서 어디든지 좋은 곳을 찾아 행복하게 살아가라고 했다. 노예였던 하인은 넓은 바다로 항해를 시작했다. 그러나 얼마 못가 폭풍을 만나 그만 침몰하고 말았다. 노예는 배에 있는 물건들을 모두 잃었다. 간신히 몸만 빠져나와 가까운 섬으

태도의 힘

로 피했다. 그는 모든 것을 잃고 슬픔에 잠겼다.

슬픔도 잠시였다. 배에서 꼬르륵 소리가 났다. 배가 고픈 하인은 먹을 것을 찾기 위해 섬 안으로 들어가 보았다. 옷조차 입지 않은 알몸이었다. 얼마를 걸어가다 보니 큰 마을이 보였다. 그가 마을에 이르자 사람들이 모두 나와 환호성을 지르며 반겨주었다.

"임금님 만세!"

마을 사람들은 알몸인 노예를 왕으로 모시려고 호화스러운 궁전으로 데리고 들어갔다. 그는 꿈을 꾸고 있는 것 같았다. 도대체 무슨 일이 섬에서 일어나고 있는지 알고 싶어 한 사나이에게 물었다.

"도대체 어떻게 된 일인가? 맨몸으로 도착한 나를 갑자기 왕으로 받들어주다니."

노예의 물음에 사나이가 대답했다.

"우리들은 살아 있는 인간이 아닙니다. 우리들은 영혼이랍니다. 그래서 해마다 한 번씩 살아 있는 인간이 이 섬으로 와서 우리들의 왕이 되어주기를 바라고 있습니다. 그러나 조심하셔야 합니다. 임금님께서는 일 년이 지나면 이 섬에서 추방될 것입니다. 생물도 없고 먹을 것도 없는 섬으로 혼자 가셔야 됩니다."

왕이 된 노예는 그에게 감사했다.

"정말 고맙네. 그렇다면 지금부터 일 년 후를 위해 여러 가지 준비를 해야겠군."

그는 주변 섬으로 탐사를 갔다. 이웃 섬은 사막과 같았다. 하지만 그는 일 년 후를 생각하며 꽃을 심고 과일나무도 심었다.

일 년이 지나자 그는 행복한 섬에서 추방되었다. 처음 알몸으로 들어간 그대로 다시 알몸이 되어 죽음의 섬으로 쫓겨났다. 그러나 사막처럼 황폐한 죽음의 섬은 꽃이 피고 과일이 열린 아름다운 섬으로 바뀌어 있었다. 그 섬에서 힘들게 살고 있던 사람들도 그를 따뜻하게 맞아주었다. 그는 섬사람들과 함께 행복하게 살았다.

왕이 된 노예가 일 년 후를 내다보지 못하고 당장의 호화로운 삶에 취해 있었다면 그의 삶은 어떻게 되었을까? 노예로 살다가 하루아침에 왕이 되었으니 자기 하고 싶은 대로 마음껏 하며 살았을 것 같다. 마음껏 먹고 마시며 해보고 싶은 것들을 누렸을 것이다.

하지만 그는 어리석게 굴지 않았다. 자기 삶이 어떻게 펼쳐질 것인지 미리 점검했다. 그리고 준비했다. 당장은 아무것도 없는 죽음의 섬이지만 꽃과 과일나무를 심으면 일 년 후에는 달라질 것이라고 생각했다. 일 년 후에 변할 아름다운 섬을 마음에 그리며 땀을 흘렸다. 왕으로 누릴 수 있는 호화로운 삶보다 더 나은 미래를 위

태도의 힘

해 오늘의 삶을 희생한 것이다. 노예였던 한 사람이 품은 비전이 자신뿐만 아니라 많은 사람에게 행복을 선물해주었다.

노예의 주인이 아무런 대가 없이 그를 풀어준 이유가 이해가 간다. 비록 노예였지만 그는 매일의 삶이 다른 이들과 달랐을 것 같다. 바람직한 삶의 태도로 오늘의 삶에 최선을 다했을 것이다. 그런 그의 삶의 태도가 주인의 마음을 움직여 풀어주도록 한 것이다.

지금 자신의 삶을 점검해보아야 한다. 무조건 착하고 열심히 살 것이 아니라, 어디서 무엇을 하며 살 것인지 선명하게 바라보고 준비해야 한다. 자기 삶의 1년 후, 3년 후, 5년 후를 미리 꿰뚫어 보고 오늘의 삶에 열정을 쏟아 부어야 한다.

현실이 힘들어도 자기 삶의 길을 꿰뚫고 있다면 불안하지 않다. 비록 오늘의 삶은 어제와 다르지 않지만 삶을 바라보는 생각과 태도는 다르다. 훗날 이룰 삶의 목표를 생각하면 어린 묘목을 심는 할아버지처럼 싱글벙글할 수 있다.

✡ 어떻게 비전을 발견할 수 있을까?

비전을 발견하기 위해 먼저 시도해볼 것은 자신이 좋아하고 하고 싶은 일이 무엇인지 찾는 것이다. 즉 마음에 소원이 무엇인지 발견하는 것이 첫째다. 인간이 삶의 목표를 이루어가는 대부분은 마음속에서 일어나는 소원으로부터 시작된다. '마음이 아픈 사람을 도와주고 싶어', '좋은 글을 써서 사람들에게 위로와 희망을 선물하고 싶어', '질병으로 고통받는 사람들을 도와주고 싶어' 이런 마음의 소원을 품고 있는 사람은 간호사, 의사, 심리치료사, 작가, 기자, 상담가 등이 될 수 있다. 소원을 향해 뚜벅뚜벅 걸어가다 보면 원하는 삶의 목표를 이루게 된다. 그러니 하고 싶고 되고 싶고 이루고 싶은 소원이 무엇인지 발견하도록 힘써야 한다. 마음의 소원을 알 수 있는 간단한 방법은 꿈의 목록을 적어보는 것이다. 자신의 소원을 모두 적다 보면 공통점이 보이고 비전도 발견할 수 있다.

두 번째는 자기 미래에 대해 가설을 세워보는 것이다. '~하면, ~하게 될 것이다'라는 가설을 세운다. 3년 후의 삶을 예상하고 '지금 ~을 하면 ~에서 무엇을 하고 있을 것이다'처럼 인생의 큰 그림을 그려본다. 예들 들어 지금 미술 공부를 하면 3년 후에는 ○○대학에서 디자인을 전공하고 있을 것이라고 선명한 그림을 그려본다.

이때 주의해야 할 것이 있다. 두루뭉술하게 가설을 세우기보다 구체적이고 체계성이 있어야 한다. 어느 학교에서 무슨 공부를 할 것인지, 학교를 졸업한 후에는 어느 직장에서 어떤 업무를 해보고 싶은지 자세히 살펴 가설을 세워야 효과적이다. 막연하게 '~하면 ~되겠지'라는 기대감으로 가설을 세우면 의미가 없다. '혹시나' 하는 마음은 대부분 '역시나'로 결론이 난다.

가설을 세웠다면 그 가설이 어떤 결과를 낳을지도 검증해야 한

태도의 힘

다. 검증은 바람직한 삶의 태도가 삶에 뿌리를 내렸는지를 점검하는 과정이다. 내가 원하는 삶이 어떤 결과를 가져올지를 미리 들여다보는 작업이다. 검증이 제대로 이뤄지지 않으면 원하는 결과를 얻었더라도 후회할 확률이 높다. 바람직한 삶의 태도로 삶을 주도해나가지 못하게 되는 것이다.

오늘의 실천 노트

자신의 비전을 발견하고 이루어가는 과정을 다음 칸에 채워보세요.

● 내가 남들에게 잘한다고 칭찬받는 것은 무엇인가요?

● 내가 하고 싶고 이루고 싶은 것은 무엇인가요?

● 내가 만들어가고 싶은 세상은 무엇인가요?

● 원하는 것을 이루기 위해 필요한 직업은 무엇인가요?

● 그 직업인이 되기 위해 어떤 학교로 진학해야 하나요?

● 진학을 위해 준비해야 할 것은 무엇인가요?(공부, 습관)

 태도의 힘

가장 나다운 것으로
승부하라

자기 모습대로 살지 않고 다른 사람의 흉내를 내며 사는 사람은 스스로를 속이는 사람이다.

비전을 발견한 사람의 삶은 활기차다. 희망찬 미래를 생각하면 저절로 입가에 미소가 번진다. 힘든 일도 참고 인내할 수 있다. 조금 참고 견디면 원하는 삶의 목표를 이룰 수 있다고 생각하기 때문이다.

그러나 한 가지 점검해야 할 것이 있다. 가슴 뛰는 비전이 진짜 자신이 살아가고 싶고, 이루고 싶고, 간절히 원하는 것이냐는 것이다. 자신의 것이 아닌 누군가의 비전을 대신 품고 있다면 오히려 역효과가 난다. 심한 스트레스로 삶을 망칠 수 있다. 바람직한 삶의 태도를 품는 것에서 점점 멀어질 수 있다.

많은 청소년이 누군가의 비전을 대신 품고 있으면서 자신의 것이라고 착각하는 경우가 있다. 자신도 모르는 사이에 세뇌되었다. 반복적으로 누군가가 바라는 이상을 듣다 보면 그것이 자신의 것이라고 생각할 수도 있다. 사회적으로 인정받거나 안정적인 일, 또는 돈을 많이 버는 일이면 괜찮다고 생각하기도 한다. 특히 부모가 바라는 미래상에 대해 자주 듣다 보면 그것을 자신이 바라는 것으로 착각한다. 세월이 흘러 막상 원하는 목표를 달성하게 되면 그때서야 깨닫는다. 자신이 이룬 삶의 목표들이 진짜 자신이 원하는 것이 아니었다는 것을. 그래서 자기 자신을 잘 알아야 한다. 자기 개성과 특성을 파악해 비전을 디자인해야 한다. 자신의 특성과 관련된 일을 하면 보다 잘해내고 만족감도 더 느낄 수 있다. 자기의 특성과 관련된 일을 하는 것이 얼마나 중요한지 『탈무드』에 전해지는 이야기로 살펴보자.

한 마리의 뱀이 있었다. 뱀의 꼬리는 틈만 나면 불평을 했다. 언제나 머리가 가는 대로 따라다녀야만 했기 때문이다. 결국 어느 날 꼬리가 머리에게 퉁명스럽게 말했다.

"난 왜 언제나 네 꽁무니만 맹목적으로 따라다녀야 하니. 그리고 넌 언제나 나를 마음대로 끌고 다니는 거야! 이건 너무 불공평해. 나 역시 뱀의 일부분인데 언제나 노예처럼 끌려

  태도의 힘

다니기만 하는 건 말이 안 되잖아!"

꼬리의 말에 머리가 대답했다.

"넌 앞을 볼 수 있는 눈도 없고, 위험을 분간할 귀도 없고, 행동을 결정할 두뇌도 없잖아. 나는 나 자신을 위해서 앞에서 이끌어가는 건 아니야. 다 너를 위해서 봉사하고 있는 거야."

꼬리가 큰소리로 비웃으며 말했다.

"그 따위 말은 질리도록 들어왔어. 어떤 독재자나 폭군도 모두 백성을 위한다는 명목으로 제멋대로 행동하고 있지."

머리는 하는 수 없이 한 가지 제안을 했다.

"그렇다면 내가 하는 일을 네가 한번 맡아 해보렴."

꼬리는 몹시 기뻐하며 앞에 나서서 먼저 움직이기 시작했다. 그러나 얼마 못 가서 뱀은 강물에 빠지고 말았다. 갖은 노력 끝에 뱀은 겨우 강물에서 빠져 나왔다.

그런데 또 얼마 가지 않아 뱀은 가시덤불 속에 들어가고 말았다. 빠져 나오려고 애를 쓰면 쓸수록 뱀은 가시에 점점 더 찔려 상처투성이가 되었다. 머리의 도움으로 간신히 빠져 나온 꼬리는 앞장서서 나가다가 이번에는 불속으로 들어가고 말았다. 몸이 뜨거워지자 꼬리는 두려움에 떨었다. 다급해진 머리는 필사적으로 빠져 나가려고 했으나 때는 이미 늦었다. 꼬리와 함께 머리도 불에 타버리고 말았다.

뱀의 꼬리는 머리의 특성을 무시했다. 꼬리가 가진 특성이 무엇인지 간파하지도 못했다. 과도한 자신감으로 자신도 머리 역할을 잘할 수 있다고 덤볐다. 머리도 잘한 것이 없다. 꼬리의 특성을 더 자세히 설명하고 설득시켜야 했다. 말꼬리를 물고 늘어지는 것이 귀찮아 꼬리에게 머리 역할을 맡기고 말았다. 자기 특성을 무시하고 나아간 결말은 비극으로 끝났다.

이 모습은 어쩌면 우리 청소년들의 모습일지도 모른다. 자신의 특성과 상관없이 오직 성적으로만 진로를 결정하고 명문대만을 고집하고 있기 때문이다. 그 결과는 사회 문제가 되었다.

2014년 대학교 1학년 신입생 중 휴학이나 자퇴로 학교에 다니지 않는 학생이 17.2퍼센트에 달했다. 학교 측은 대부분이 반수생이라고 밝혔다. 막상 대학에 진학해 전공 공부를 시작해보니 자신의 특성과 관련 없다는 것을 뒤늦게 깨달은 것이다. 현재 다니고 있는 대학보다 더 좋은 대학에 진학하거나 공무원 시험 준비를 위해 반수를 택한 학생도 많았다.

2015년부터 '1학년 1학기 휴학 불가'를 방침으로 세운 대학교가 적지 않다. 의무적으로 1학년 1학기는 다니도록 한 것이다. 대학교 1학년 교실이 텅텅 비어 있는 것을 막으려는 교육지책이다. 그러나 그 효과는 좋지 않았다.

자신의 개성을 파악하지 않고 비전을 디자인하면 어느 날 후회하게 된다. 막상 대학교에 입학하면 다시 진로를 디자인하고 싶다

태도의 힘

는 생각이 들 수 있다. 직장을 다닐 때도 다르지 않다. 어렵게 직장을 구하고도 얼마 지나지 않아 많은 사람이 사표를 쓰고 회사를 떠난다. 자신이 진짜 원하는 일이 아니라는 이유 때문이다.

인생을 자신이 원하는 대로 살아갈 수 있냐고 되물을 수 있다. 그러나 자신이 원하는 인생을 살지 않을 때 받는 스트레스는 너무 크다. 매일 후회 섞인 넋두리를 하며 한탄한다. 그러니 지금 자신의 개성을 살펴 원하는 삶의 목표를 설정하고 디자인해야 한다. 『탈무드』는 개성을 모르고 살아가는 삶을 이렇게 말하고 있다.

자신의 결점과 약점을 모르고 행동하는 것은 지도와 해도를 보지 않고 여행 혹은 항해하는 것과 같다.

✡ 어떻게 자신의 개성을 발견할 수 있을까?

먼저 각종 검사를 활용하는 방법이 있다. 흥미, 성격, 적성, 다중지능, 행동 유형 특성 등의 검사로 자신의 특성을 파악하는 방법이다. 많은 청소년이 검사를 통해 자신의 특성을 파악하여 비전을 찾고 디자인한다. 그러나 이 방법은 적극적으로 권유하고 싶지 않다. 검사를 받는 여건과 상황, 그날의 기분에 따라 결과가 들쑥날쑥하기 때문이다.

두 번째는 평소 자신이 관심을 가지는 것이 무엇인지 살펴보는 것이다. 자주 보는 영화나 드라마, 자주 찾아 읽게 되는 책의 분야, 좋아하는 과목이 무엇인지 꼼꼼하게 리스트를 적어본다. 그렇게 적어놓은 리스트를 살펴 공통분모를 찾아낸다. 그러다 보면 자신이 지속적으로 관심을 보인 분야가 발견된다.

세 번째 방법은 자신이 하고 싶고, 해보고 싶은 것들에 대해 시도하고 도전해보는 것이다. "자신이 누구인지 알고 싶은가? 그렇다면 묻지 마라. 행동하라! 행동만이 당신이 누구인지 설명해주고 정의해줄 것이다." 미국의 3대 대통령 토머스 제퍼슨의 말인데 정말 맞는 말이다. 끊임없이 시도하고 도전하며 행동할 때 비로소 자신이 원하는 것을 발견할 수 있다. 실패해도 괜찮다. 실패의 과정에서도 자신이 잘하는 것을 배울 수 있다.

다음 『탈무드』 이야기를 보며 자신에게 숨겨진 개성은 무엇인지 진지하게 살피는 시간을 가져보길 바란다.

하나님이 처음으로 새와 짐승을 만들 때만 해도 새에게는 날개가 없었다. 어느 날 새 한 마리가 하나님을 찾아와 하소연했다.

태도의 힘

"사자는 날카로운 이빨을 갖고 있고, 말에게는 강한 뒷다리가 있습니다. 하물며 뱀도 자기를 보호할 무서운 독을 가지고 있는데, 저는 가진 게 아무것도 없습니다. 전 무서워 죽겠습니다."

새의 고충을 듣고 난 하나님은 맞는 말이라고 생각했다. 그래서 새에게 멋진 깃과 날개를 선물했다.

그런데 얼마 후 새가 또다시 찾아와 불평을 늘어놓았다.

"이건 아무 쓸모도 없이 되레 짐만 될 뿐입니다. 이것 때문에 예전처럼 빨리 달릴 수도 없다고요!"

새의 말에 하나님이 이렇게 말해주었다.

"이 어리석은 녀석아! 넌 네 몸에 붙은 날개를 사용해볼 생각도 못했단 말이냐? 네게 날개를 달아준 것은 짐을 지고 뛰라는 것이 아니라 그걸로 하늘을 날아다니라는 것이다."

오늘의 실천 노트

다음 질문에 답하며 자신의 특성과 개성을 찾아보세요.

● 많은 노력을 기울이지 않았는데도 다른 사람보다 유난히 잘하는 것은 무

엇인가요?

● 눈만 감으면 해보고 싶고 도전해보고 싶은 것은 무엇인가요?(게임 제외)

● 가장 좋아하는 과목과 유난히 관심이 가는 분야는 무엇인가요?

● 무엇을 할 때 가장 즐겁고 행복한가요?

● 무슨 생각을 할 때 가슴이 뛰고 설레나요?

태도의 힘

실패의 두려움에 맞서는
용기를 가져라

돈이 없는 것은 인생의 절반을 잃은 것이고, 용기가 없는 것은 인생의 전부를 잃은 것이다.

청소년들이 살아갈 미래 사회는 쉽게 예측하기 힘들다. 인공지능AI, 로봇 공학, 자율주행자동차, 3D 프린팅, 퀀텀 컴퓨팅quantum computing, 나노기술 등으로 무장한 과학 기술 혁명은 우리 삶을 송두리째 바꿀 태세로 밀려오고 있다. 전문가들은 현재 직업의 47퍼센트가 몇 년 후에는 사라질 것이라고 한다. 마음속에 선명하게 그리고 있는 비전을 이룰 시기가 되면 자신이 원하는 일을 하지 못할 수도 있다는 것이다.

그렇다고 불안에 떨며 포기할 수도 없다. 미래를 예측하며 자신이 바라는 삶의 밑그림을 지속적으로 그려야 한다. 그리고 끊임없이 도전해야 한다. 그러기 위해 청소년들은 용기의 덕목을 삶에 덧입혀야 한다. 용기를 품고 도전하고 시도할 때 인생의 밑그림이 비로소 완성된다.

용기의 사전적 정의는 굳세고 씩씩한 기운이다. 이것을 다른 말로 표현하면 마음속 두려움에 맞서는 힘이다. 마음속 두려움 때문에 꼭 해야 할 일을 포기하지 않는 것이다. 실패할지라도 한번 시도하고 도전해보며 삶의 길을 개척해나가겠다는 다짐이다. 내가 살아가고 싶고, 이루어내고 싶은 인생의 길에 과감하게 첫 발걸음을 내딛는 마음 자세이다. 『탈무드』는 용기만 있으면 어떤 것도 이길 수 있다고 말한다.

세상에는 약자이면서도 강자에게 두려움을 느끼게 하는 것이 네 가지 있다. 모기는 사자에게 두려움을 느끼게 하며, 거머리는 코끼리에게 두려움을 느끼게 하고, 파리는 전갈에게 두려움을 주며, 거미는 매를 무서움에 떨게 한다. 아무리 크고 힘센 자라도 언제나 두려운 존재인 것은 아니다. 또 아무리 약한 자라도 용기만 있으면 강한 자를 이길 수 있다.

인공지능 시대를 살아가야 하는 청소년들이 유대인의 도전정신을 배웠으면 좋겠다. 유대인들은 『탈무드』로 공부하여 세계를 주

태도의 힘

도한다. 세계 인구의 0.2퍼센트에 불과하지만 노벨상의 30퍼센트를 독차지하고 각 분야를 리드하고 있다. 그들이 이토록 앞서가는 이유는 용기를 품고 도전하는 정신에 있다.

유대인들의 도전정신은 어디서 비롯된 것일까? 바로 '후츠파chutzpah' 문화이다. 후츠파는 뻔뻔함, 담대함, 저돌성, 무례함이라는 뜻이다. 후츠파에서 추구하는 일곱 가지 정신이 있다. 첫째는 형식 타파이다. 형식에 얽매이지 않고 도전하라는 뜻이다. 둘째는 권위에 대한 질문이다. 자신을 책임지고 있는 사람이나 권위를 가지고 있는 사람에게 서슴없이 질문을 던질 수 있어야 한다는 것이다. 셋째는 섞임과 어울림이다. 어떤 상황에서도 함께 섞이고 어울리는 융합 정신이다. 넷째는 위험 감수이다. 위험하더라도 도전하고 시도하라는 의미다. 다섯째는 목표 지향성이다. 목표를 향해 끊임없이 전진해야 함을 뜻한다. 여섯째는 끈질김이다. 원하는 목표를 이룰 때까지 포기하지 않는 정신이다. 마지막 일곱째는 실패로부터 교훈 얻기다. 실패를 통해 지혜를 얻어 반복된 실수를 하지 않는 것이다.

그렇다고 무턱대고 도전하라는 의미는 아니다. 바람직한 삶의 태도를 밑거름 삼아 도전을 해야 한다. 사실 후츠파 문화는 바람직한 삶의 태도 없이는 불가능하다. 바람직한 삶의 태도가 형성되지 않으면 섞이고 어울리지 못한다. 끈질기게 도전할 수도 없다. 권위를 가진 이들에게 효과적인 질문을 던지고 대화를 하려면 올바른 삶의 태도가 갖춰져 있어야 가능하다. 바람직한 삶의 태도가 있어야 후츠파 정신을 삶 속에서 실천할 수 있는 것이다.

용기는 어떤 상황에서도 답을 찾고 도전하려는 의지가 있어야한다. 원하는 결과가 나오지 않아도 다시 도전하며 결과를 만들어 가려는 태도도 필요하다. 그 의미를 『탈무드』 이야기를 통해 배워보자.

어느 날 한 젊은이가 랍비에게 배움을 얻기 위해 찾아갔다. 배움을 청한 젊은이에게 랍비는 이렇게 물었다.
"두 명이 높은 굴뚝에 올라갔다가 그 안으로 떨어졌네. 한 명은 온몸이 재투성이가 되었고 다른 한 명은 깨끗했네. 그렇다면 누가 목욕을 해야 할까?"
젊은이는 당연한 말을 묻는다고 생각하고 자신 있게 대답했다.
"당연히 재투성이 사람이 씻어야죠."
젊은이의 대답에 랍비가 대답했다.
"틀렸네. 온몸이 재투성이인 사람은 옷이 깨끗한 사람을 보며 자신의 몸도 깨끗하다고 생각할 걸세. 깨끗한 사람도 상대를 보고 자신의 몸도 재투성이라고 생각할 것이네. 그러니 목욕을 하는 사람은 바로 몸이 깨끗한 사람이네."
랍비의 말에 젊은이는 뭔가 깨달았다는 미소를 지었다. 그

태도의 힘

모습을 보고 있던 랍비가 다시 물었다.

"이 두 사람이 나중에 굴뚝에서 다시 떨어졌다면 이번엔 누가 목욕을 해야 할 것 같은가?"

젊은이는 자신 있게 대답했다.

"당연히 몸이 깨끗한 사람이죠."

젊은이의 대답에 아쉬운 표정을 지은 랍비는 다시 말을 이어갔다.

"또 틀렸네. 깨끗한 사람은 목욕을 하려다가 자신이 더럽지 않다는 사실을 알게 되네. 재투성이가 된 사람은 깨끗한 사람이 씻으러 간 것을 보고 자신도 목욕을 해야 한다고 생각을 하네. 그러니 이번에는 재투성이가 된 사람이 목욕을 하게 된다네."

젊은이는 정신이 없었다. 이에 랍비는 세 번째 질문을 던졌다.

"이들이 세 번째로 굴뚝에서 떨어졌다면 누가 목욕을 하겠나?"

젊음이는 랍비가 말해준 답을 생각하며 바로 대답을 했다.

"그야 물론 재투성이 사람이 목욕을 할 것입니다."

그러자 랍비가 말했다.

"틀렸다네. 두 사람이 같은 굴뚝에서 떨어졌다면 두 사람 모두 재투성이가 되었을 걸세. 어떻게 한 사람은 재투성이가 되고 한 사람은 멀쩡할 수 있겠는가?"

젊은이는 상황을 깊이 생각하지 않고 대답했다. 자신이 말하는 답에 그럴듯한 논리와 근거가 없다. 랍비가 던지는 질문에 현혹되어 답을 말하기 급급했다. 자신이 한 말이 맞는다는 것을 용기를 가지고 설득하려고 하지도 않았다.

랍비는 왜 세 번씩이나 다른 질문을 던지며 젊은이를 깨우치려고 했을까? 그것은 스스로 깊이 생각하고 합당한 논리로 상대를 설득하라는 의미였다. 어떤 답도 괜찮다. 랍비처럼 왜 그런 생각을 했는지 그에 걸맞은 이유와 까닭을 말할 수 있어야 하는 것이다.

자신이 원하는 것을 발견하려면 끊임없이 시도하고 도전해야 한다. 시도하고 도전하려면 용기가 필요하다. 실패할 것이 무서워 용기를 내지 않는다면 자신이 원하는 것을 발견할 수 없다. 뚜렷한 삶의 목표를 발견해도 용기가 있어야 원하는 목표를 향해 전진할 수 있다. 4차 산업혁명이라는 불확실한 미래도 용기가 있으면 두려울 것이 없다. 넘어지면 다시 일어서 도전하고 또 도전하면 된다.

✡ 어떻게 용기를 내 도전할 수 있을까?

용기를 내려면 두려움을 떨쳐내야 한다. 두려움은 아직 일어나지 않은 일을 미리 염려하는 마음이다. 도전하는 것이 실패할까봐, 창피를 당할까 봐, 좋지 않는 평가를 받을까 봐 용기를 내지 못

태도의 힘

한다. 대부분이 남들의 시선을 의식해서 용기를 내지 못한 경우가 많다.

그런데 한 가지 생각해야 할 것이 있다. 다른 사람들은 자신에게 별로 관심이 없다는 것이다. 사람들의 시선이 자신을 향해 있을 것 같은데 그렇지 않다. 그러니 과감히 두려움을 떨쳐내고 도전할 필요가 있다. 괴테의 말을 들으며 자신감을 가지고 도전해보자. "무엇을 하든 무슨 꿈을 꾸든 일단 시작하라. 담대함에는 재주와 힘과 마술이 담겨 있다."

둘째, 후회하더라도 일단 시도하고 도전하려는 마음을 품어보는 것이다. 후회 연구로 명성이 자자한 미국 노스웨스턴 대학의 닐 로즈 사회심리학 교수가 있다. 그는 사람은 두 가지를 후회한다고 말한다. 첫째는 시도하고 도전한 것에 대한 후회다. 어떤 일을 하고 난 후 '그것을 하지 말았어야 하는데'라고 후회하는 것이다. 두 번째는 하지 않은 행동에 대한 후회다. '그때 ~을 했어야 하는데'라고 시도조차 않은 것을 후회한다는 것이다. 두 가지 후회에는 큰 차이가 있다. 그것은 바로 '시간'이다. '시도하고 도전한 행동에 대한 후회'는 최근에 일어난 일과 관련이 있다. '하지 않은 행동에 대한 후회'는 오래전에 일어난 일이다. 이 말은 '하지 않은 행동에 대한 후회'가 더 오래가고 '행동에 대한 후회'는 바로 끝난다는 것이다. 용기를 내지 못하고 시도조차 하지 않은 후회는 오래토록 기억에 남아 자신을 괴롭힌다. 그러니 일단 시도하고 도전해보라. 그러면 최소한 평생 후회는 하지 않는다.

　마지막으로『탈무드』이야기를 읽으며 용기의 의미를 되새기길
바란다.

　세상에는 지나치게 사용해서는 안 되는 것 세 가지가 있다.
빵의 이스트, 소금, 망설임이다.

오늘의 실천 노트

다음 질문에 답하며 자신의 삶을 점검해보세요.

● 용기를 내지 못하고 포기했던 일은 무엇이 있나요?

● 용기를 내지 못한 진짜 이유는 무엇인가요?

● 만약 용기를 내 시도하고 도전했다면 어떤 일이 일어났을 거라고 생각하나요?

● 용기를 내지 못한 것과 용기를 냈을 경우 어떤 선택이 자신에게 유익하다고 생각하나요?

● 스스로에게 용기를 주는 말을 해준다면 무엇일까요?

지혜가 분별력 있는
삶을 살게 한다

한 어머니가 아들에게 물었다.

"만약 집에 불이 났다면 너는 무엇을 가지고 나오겠느냐?"

"우선 돈과 재물을 갖고 나오겠습니다."

이에 어머니는 다시 물었다.

"아니란다. 모르겠다면 힌트를 주마. 그것은 모양도, 빛도,
냄새도 없는 것이란다."

그래도 아들이 대답을 못했다.

어머니는 그 답을 '지혜'라고 가르쳐주었다.

지혜知慧는 지식知識과 다르다. 지식은 배우고 익혀서 얻은 정보
의 총체를 말한다. 지혜는 지식을 활용하는 능력이다. 배우고 익힌

  태도의 힘

지식을 현명하게 사용해내는 것이다. 지식이 하드웨어라면 지혜는 소프트웨어다. 아무리 좋은 하드웨어가 있어도 소프트웨어가 없으면 소용이 없다. 그래서 지식을 얻는 노력도 중요하지만 더 중요한 것은 지혜로운 사람이 되는 것이다. 위 예화의 어머니도 같은 메시지를 전하고 있다. 돈과 재물보다 더 중요한 것이 지혜라고 말이다. 지혜가 있으면 돈과 재물은 자연스레 따라온다. 그 의미를 『탈무드』 이야기로 이해해보자.

홀로 아들을 키운 아버지는 아들이 장성하자 외국에 유학을 보냈다. 그런데 아버지가 중병에 걸리고 말았다. 아버지는 아무래도 아들을 만나지 못하고 죽을 것 같아 유서를 썼다. 유서의 내용은 자기의 전 재산을 한 하인에게 물려주되, 아들이 원하는 것 한 가지만은 아들에게 주도록 하라는 것이었다.

아버지가 돌아가시자 하인은 자신의 행운을 기뻐하며 아들에게 달려가 아버지 부음을 전했다. 그리고 문제의 유서를 내보였다. 아들은 아버지를 잃고 몹시 슬퍼하는 가운데 유서의 내용을 읽자 당혹스러움을 감추지 못했다.

아버지의 장례를 치른 뒤, 아들은 스승을 찾아가 말했다.

"아버지는 왜 저에게 재산을 조금도 물려주시지 않았을까요? 제 기억에는 한 번도 아버지를 속상하게 해 드린 적이 없었는데, 무엇이 서운하셨던 걸까요?"

스승이 대답했다.

"자네 아버지는 참으로 현명한 분일세. 자네를 끔찍이 사랑하신 분이라는 걸 알겠어. 이 유서를 보면 그걸 알 수 있네."

"하인에게 재산을 다 물려주시고 제게는 아무것도 남겨주시지 않았는데도 말입니까? 저는 아버지의 애정을 조금도 느낄 수 없는 어리석은 행위로밖에 생각되질 않습니다."

"자네는 아버지의 현명함을 배워야 하네. 자네가 아버지의 진정한 마음을 알았다면 자네에게 훌륭한 유산을 남겨주셨다는 사실을 깨달았을 걸세. 자네 아버지는 임종할 무렵 자네가 집에 없기 때문에 하인이 재산을 가지고 도망가거나 재산을 탕진하거나 심지어는 아버지의 부음을 아들에게 전하지 않을지도 모른다고 생각하고, 모든 재산을 하인에게 주신 걸세. 재산을 물려받은 하인은 기쁨에 넘쳐 자네에게 그 사실을 알려서, 결국 아버지는 재산이 고스란히 자네에게 돌아가도록 하신 거네."

"아직도 전 그 뜻을 모르겠습니다."

"하인의 재산은 모두 주인에게 속한다는 것을 자네는 모르는가? 자네의 아버지는 자네가 원하는 것 중 한 가지만은 자네에게 물려주신다고 분명히 말씀하시지 않았는가? 그러니 자네는 그 하인을 선택하면 되는 걸세. 이 얼마나 현명하고 애정이 넘치는 생각이셨는가 말일세."

그제야 젊은 아들은 아버지의 깊은 뜻을 깨닫고 스승의 말 대로 한 다음 하인을 해방시켜 주었다. 그 후로 젊은 아들은 늘 이렇게 말했다.

"역시 나이 많은 사람의 지혜는 당해내지 못해."

유대인의 평균 지능지수는 95정도라고 한다. 미국은 98, 한국은 106이란다. 그런데도 세계 석학들이 받는 노벨상은 유대인이 제일 많다. 무려 30퍼센트이다. 과연 무엇이 유대인들을 세계적으로 뛰어난 민족으로 거듭나게 했을까? 그것은 바로 유대인의 교육에 있다.

유대인 교육의 핵심은 지혜를 형성하는데 있다. 지식을 쌓는 것이 아니라 지혜를 덧입히는 것에 초점이 맞춰져 있다. 그 의미를 다음 이야기를 통해 살펴보자.

어느 날 젊고 뛰어난 학생 하나가 랍비를 찾아갔다. 자신이 공부한 내용을 시험해보기 위해서였다. 랍비는 책을 펴고 한 페이지에 실려 있는 내용을 물었다. 학생은 분명하게 설명했다. 내용을 듣고 난 다음 랍비가 말했다.

"자네는 아직 멀었네."

랍비는 다른 페이지를 열고 거기에 있는 내용에 대해서 또 물었다. 거기에는 더 어려운 문제에 대한 논쟁이 기록되어 있었다. 이번에도 학생은 그 페이지에 무엇이 쓰여 있고, 어떤 것이 문제점이며, 어떤 의문이 제기되고 어떤 답이 나와 있는지를 막힘없이 대답했다.

그러나 랍비는 "자네는 역시 아직 멀었어."라고 한 뒤 이렇게 말했다.

"책을 많이 읽어도 그저 읽기만 해가지고는 당나귀가 책을 등에 싣고 가는 것이나 다름이 없다. 당나귀가 아무리 많은 책을 등에 지고 있다고 해도 그것은 당나귀 자신에게는 도움은커녕 짐만 될 뿐이다. 책은 대답을 얻기 위해서 읽은 것이 아니라, 질문을 하고 그것에 대한 자기 생각을 정리하기 위해서 읽는 것이다."

유대인은 '책의 민족'이라 불릴 정도로 책을 사랑한다. 돈과 책이 떨어지면 책을 먼저 주워야 한다고 가르친다. 집에 불이 나면 책을 제일 먼저 들고 나온다. 가정의 거실에는 TV가 없다. 대신 책장으로 가득하다. 헌책방도 없다. 한번 산 책은 두고두고 읽기 때문이다.

그런데도 위 예화에서는 책을 읽기만 해서는 의미가 없다고 말한다. 책을 읽기만 하면 당나귀가 책을 등에 싣고 가는 것과 다를 바 없단다. 당나귀는 어리석음의 상징이다. 큰 귀를 가지고 있으면

태도의 힘

서도 잘 듣지 못하기 때문이다. 아무리 많이 들어도 그 내용을 정확하게 간파하지 못한 당나귀의 특성으로 독서하는 방법이 잘못되었음을 이야기한다. 책에는 한계가 있다는 것이다.

유대인들은 책의 한계를 어떻게 극복하며 나아갔을까. 그들은 대화, 질문, 토론, 논쟁이라는 방법으로 문제를 해결했다. 즉 하브루타havruta이다. 하브루타는 '서로 짝을 지어 질문하고 대화하고 토론하고 논쟁하는 것'을 의미한다. 한 가지 텍스트를 읽고 그 내용으로 서로 질문하고 대화한다. 끊임없이 질문을 주고받으며 궁금증을 해결한다. 있는 그대로 받아들이지 않는다. 반복적으로 읽고 대화하고 질문하고 토론한다. 서로 다른 의견이 생기면 끊임없이 토론하고 논쟁한다. 텍스트를 가지고 토론하며 스스로 생각하여 자신만의 고유한 지식체계를 형성하고 그것이 지혜가 되도록 끊임없이 단련한다. 책이라는 간접 경험을 질문과 토론, 논쟁하여 직접 체험으로 바꿔 살아 있는 지혜로 발전시킨다. 지식을 지혜로 변형시키는 것이다. 그 힘이 오늘날의 유대인을 있게 한 것이다.

근래 우리나라 학교 현장에서도 하브루타 교육의 바람이 불고 있다. 인공지능시대는 단순 암기식 공부로는 승부를 낼 수 없다는 것을 알았기 때문이다. 그러니 지식보다는 지혜를 덧입히는 공부에 힘을 쏟아야 한다. 지혜가 있어야 시대를 꿰뚫는 통찰력이 생기고, 그렇게 벼려낸 통찰력을 삶에 적용해 의미 있는 결과를 만들어 갈 수 있다.

✡ 어떻게 지혜로운 사람이 될 수 있을까?

가장 좋은 방법은 삶에서 하브루타를 실천하는 것이다. 책을 읽어도 서로 짝을 지어 질문하고 대화하고 토론하고 논쟁하는 방법이면 좋다. 상대 논리를 듣고 그 논리를 반박하면서 자신만의 생각 체계를 만들어간다. 그렇게 생각하는 훈련을 통해 지혜가 생긴다. 하브루타를 실천하는 방법을 간략하게 소개하면 다음과 같다.

먼저 짝을 지어 함께 텍스트를 읽는다. 그리고 한 명이 읽은 것에 대해 자신의 생각을 정리해 간략하게 이야기한다. 그럼 상대편은 이야기를 잘 듣고 의견에 대해 반박한다. 반박은 합당한 이유와 까닭을 덧붙여서 한다. 논리적이어야 상대를 설득할 수 있다. 반박 의견을 들었다면 그 의견에 대해 다시 반박하며 자신의 생각이 옳음을 논리적인 근거를 들어 설득한다. 그렇게 논쟁을 이어가다 서로 다른 의견에 대해 함께 해결책을 모색하며 마무리한다.

토론하고 논쟁하는 과정에서 승자와 패자는 없다. 서로 다른 의견에 합당한 논리와 근거를 사용했느냐가 중요하다. 시간이 흘러 상대 의견을 반박할 근거가 준비되면 다시 하브루타를 진행할 수

태도의 힘

있다. 이런 과정을 거치며 자신의 생각을 만들어가야 한다.

두 번째는 질문이다. 질문이 지혜를 얻는데 가장 유용한 도구다. 질문은 보이지 않는 세계를 보는 유일한 통로다. 질문은 의문에서 비롯된다. 당연한 것을 당연하게 여기지 않는 자세, 조금은 다르게 생각하고, 비틀어보고 뒤집어보는 생활태도에서 생긴다. 의문이 없다면 질문도 없다. 그러니 늘 호기심을 품고 의문을 던져야 한다. 그러는 과정에서 지혜의 씨앗에 싹이 돋고 줄기가 뻗고 꽃이 피어 아름다운 열매를 맺는다.

오늘의 실천 노트

● 자기 삶을 깊이 관찰하며 질문 다섯 가지를 만들고 답을 적어보세요.

1.

2.

3.

4.

5.

태도의 힘

● 가족들이 모였을 때 한 가지 사안을 놓고 하브루타를 진행해보세요.

그 과정을 짧게 정리해서 적어보세요.

3

더불어 행복한 세상을 디자인하라

우리는 공동체 속에서 살아간다.

그 안에서 행복하게 살려면 나 혼자가 아니라 함께를 생각할 수 있어야 한다.

그러려면 자신의 것을 나눌 수 있어야 한다.

아주 작은 것이라도 나누며 살겠다는 의지가 필요하다.

작은 샘에서 흘러나온 물이 생명의 바다를 이루듯

우리의 작은 선행이 행복한 사회를 만든다.

억지로라도
선행을 실천하라

자선을 행하지 않는 인간은 아무리 풍족한 부자일지라도 맛
있는 요리가 즐비한 식탁에 소금이 없는 것과 마찬가지이다.

일찍이 아리스토텔레스는 "인간은 사회적 동물이다."라고 말했
다. 인간은 혼자서는 살아갈 수 없는 존재라는 의미다. 우리는 가
정이라는 작은 사회에서 행복한 삶을 살아가는 기본을 배우고, 학
교라는 공동체에서 사회의 일원으로 살아갈 수 있는 지식과 관계
를 배운다. 세상이라는 거대한 바다로 나가기 위해 필요한 덕목을
익히는 것이다. 모두 어울려 행복한 삶을 살아가기 위해 준비한다.
우리가 사는 지구 공동체는 연일 가슴 아픈 사연들이 뉴스를 채
운다. 총과 칼을 겨누고 먹을 것이 없어 굶어 죽어가는 이야기로

태도의 힘

마음을 아프게 한다. 조금 더 풍요롭고 싶어 하는 이기심이 누군가에게 아픔을 주는 것이다.

자신만 행복하면 그만이라는 생각은 많은 사람을 불행하게 만든다. 인간은 사회적 동물이기 때문이다. 그래서 주변 친구의 삶에 관심을 가져야 한다. 주변과 이웃의 삶도 세심하게 살펴야 한다. 친구와 이웃이 행복하지 않으면 나도 행복한 삶을 살 수 없다. 그 의미를 『탈무드』를 통해 살펴보자.

이스라엘에는 두 개의 바다가 있다. 하나는 갈릴리로 불리는 바다이며, 다른 하나는 사해死海이다.

사해의 물은 염분의 농도가 짙어 사람이 물속에 들어가도 가라앉지 않는다. 염분의 비중이 너무 높아 저절로 뜬다. 그래서 사해에는 어떠한 생물도 살지 않는다. 주변에는 나무도 없어 새가 노래하는 일도 없다. 사해 위에는 떠도는 공기마저 답답해 보인다. 사막에 살고 있는 동물들이 물을 마시러 나타나는 일도 없다. 옛사람들은 그 바다를 일컬어 죽음의 바다, 즉 사해死海라고 이름 지었다.

그러나 갈릴리 바다는 많은 물고기가 살고 있어 생명의 바다라고도 한다. 해안에는 많은 수목이 수면 위로 가지를 뻗고 있어 새들이 모여 지저귀는 활기차고 아름다운 풍경을 이루고 있다.

'사해'는 밖에서 물이 들어오지만 다른 데로 나가는 통로가 없다. 하지만 갈릴리 바다는 한쪽에서 물이 들어오고 다른 한쪽으로는 물이 나간다. 그래서 유대의 현인들은 갈릴리 바다는 받아들인 만큼을 남에게 주기 때문에 항상 신선하며, 사해는 흘러 들어오는 모든 물을 자신의 것으로 만들어버리기 때문에 생물이 살 수 없고, 또 생물과 가까이 지낼수도 없다고 생각했다.

사람 중에도 이와 같은 자가 있다. 자선을 베풀지 않는 것은 '사해'와 같다. 그러나 자선을 베푸는 것은 '생명의 바다'와 같다. 사람은 누구나 '생명의 바다'가 되지 않으면 안 된다.

우리는 공동체 속에서 살아가야 한다. 그 안에서 행복하게 살려면 나 혼자가 아니라 함께를 생각할 수 있어야 한다. 그러려면 자신의 것을 나눌 수 있어야 한다. 아주 작은 것이라도 나누며 살겠다는 의지가 필요하다. 작은 샘에서 흘러나온 물이 생명의 바다를 이루듯 우리의 작은 선행이 행복한 사회를 만든다.

우리나라는 한때 원조 없이는 살 수 없을 정도로 어려웠다. 다른 나라의 도움으로 간신히 삶을 이어갈 수 있었다. 6.25 전쟁이 벌어졌을 때에는 UN의 도움이 컸다. 저 멀리 아프리카에서도 우리나라에 군인들을 보내 싸워주었다. 전쟁 이후에는 더 힘들었다. 폐허가 된 나라에서 당장 끼니를 걱정해야 할 처지였다. 농사를 지을

태도의 힘

수 없었고, 기술도 자본도 없었다. 그때 많은 나라의 도움을 받았다. 그 도움이 없었다면 지금처럼 풍족하게 잘살지 못했을 것이다. 다행히 치열하게 일하고 노력해서 원조를 받는 나라에서 원조를 해주는 나라로 탈바꿈했다.

선행은 삶을 좋은 쪽으로 이끌어가는 도화선이 된다. 선행이 선순환의 고리를 만들기 때문이다. 그래서 학교 현장에서도 선행을 실천하도록 강조한다. 봉사 활동이라는 영역을 두고 선행을 실천하도록 이끈다. 봉사를 실천하도록 해 선순환의 고리를 만들기 위해서다.

선행은 사실 남을 위한 것이라고 생각하지만 그렇지 않다. 자신을 위한 것이 더 크다. 누군가에게 도움을 주다 보면 자기 존재 의미를 더 가치 있게 여기게 된다. 삶의 보람과 의미를 찾게 된다. 도움을 받을 때보다 더 많은 보람을 느낀다. 행복감도 충만하여 결국 행복한 삶을 살아가게 된다. 그 의미는 연구 결과로 이미 확인되었다.

1998년, 미국 하버드 의대생들은 한 가지 실험을 했다. 한 그룹의 학생에게 돈을 받는 노동을 시켰다. 다른 그룹은 아무런 대가도 받지 않는 봉사 활동에 참여하게 했다. 노동을 마친 후 연구진들은 두 그룹의 체내면역기능 변화를 검사했다. 검사 결과 봉사 활동에 참여한 학생들에게서 나쁜 병균을 물리치는 항생체가 나타났다. 면역기능도 다른 그룹에 비해 훨씬 높게 나왔다.

실험은 한 단계 더 나아가 마더 테레사의 전기를 읽거나, 테레사 수녀가 봉사하고 있는 모습의 동영상을 보게 한 후 인체 변화를 조사했다. 그 결과 전기를 읽고 영상을 보는 것만으로도 인체의 면역능력이 크게 향상된 것으로 나타났다. 타인에 대한 봉사를 생각하거나 누군가를 돕는 장면을 보기만 해도 면역능력이 향상된다는 것을 알았다. 이것이 바로 '마더 테레사 효과'이다. 누군가를 돕다 보면 삶의 의미와 존재 가치를 확인하게 된다. 자신이 얼마나 소중한 사람이며, 쓸모 있는 사람이라는 자부심으로 연결되는 것이다. 그 영향이 면역능력을 향상시킨 것이다.

선행은 해도 되고 안 해도 되는 선택 사항이 아니다. 무조건 실천해야 하는 필수 항목이다. 그 의미를 『탈무드』를 통해 알아보자.

어느 날 한 사나이가 왕의 부름을 받았다. 그 사나이는 혹시 자신이 기억하지 못하는 죄가 있어 벌을 받게 될까 봐 혼자 가기를 두려워했다. 그래서 친구에게 함께 가줄 것을 부탁

태도의 힘

했다.

그에게는 세 친구가 있었다. 첫 번째 친구는 그가 매우 소중하게 여기는, 세상에 둘도 없는 다정한 친구라고 생각하고 있었다. 두 번째 친구 또한 그가 아끼는 친구였으나 첫 번째 친구만큼 소중하게 여기지는 않았다. 세 번째 친구는 그저 친구라고만 생각할 뿐, 별로 관심을 갖지 않는 친구였다.

그는 먼저 가장 소중한 첫 번째 친구에게 가서 사정 이야기를 하고 함께 가달라고 부탁했다. 그러나 그 친구는 이유를 말하지도 않고 거절했다.

"난 갈 수 없어."

이번에는 두 번째 친구에게 부탁했다.

"궁궐 대문까지는 함께 갈 수 있지만 그 이상은 나도 갈 수 없어."

세 번째 친구에게 함께 가달라고 부탁했다. 그러자 그 친구는 흔쾌히 대답했다.

"물론 함께 가주고말고. 자네는 아무 죄도 지은 것이 없으니까 조금도 두려워할 것이 없네. 내가 함께 가서 임금님께 잘 말씀 드려 줄게."

세 친구는 각각 무엇을 의미하며, 그들은 왜 그렇게 말한 것일까?

첫 번째 친구는 재산을 상징한다. 사람이 재산을 아무리 소중히 여기고 사랑한다 할지라도, 죽을 때는 고스란히 남겨 둔 채 떠나지 않으면 안 된다. 두 번째 친구는 혈육, 친척이다. 무덤까지는 함께 따라가주지만, 그를 무덤 속에 남겨 둔 채 돌아간다. 세 번째 친구는 선행善行을 상징한다. 선행이란 평소에는 별로 남의 눈길을 끌지 못하지만 죽은 뒤까지도 영원히 그와 함께한다.

선행은 단순히 누군가를 돕는 행위에 그치지 않는다. 자신을 희생해서 공동체를 보다 좋은 쪽으로 발전시키는 행위도 선행이다. 나라를 잃었을 때 자신 한 몸 희생해서 나라를 되찾겠다는 독립투사가 있어서 지금 우리나라가 존재한다. 독재권에 맞서 자신을 희생한 사람들 때문에 지금 우리는 민주화 속에서 자유롭게 살고 있다. 이 또한 모두 선행의 한 부분이다. 그러니 아주 작은 일이라도 선행을 실천하자. 그럴 때 우리가 살고 있는 세상은 조금씩 살기 좋은 모습으로 변화된다.

✡ 어떻게 선행을 실천할 수 있을까?

선행을 실천하라고 하면 어렵고 거창한 것처럼 생각하기 쉽다. 물론 사회를 이롭게 하는 것처럼 큰 선행도 필요하다. 그러나 청소년이라면 생활 속에서 실천할 수 있는 아주 작은 것부터 시작할

태도의 힘

수 있다. 거창한 것이 아니라 아주 사소한 것이라도 일단 실천에 옮기는 것이 중요하다. 중세시대 의사이자 랍비인 마이모니데스 Maimonides는 선행의 여러 가지 방법을 정리했다.

1. 받는 사람이 스스로 자립할 수 있도록 도와주는 것이다.
2. 누가 베풀고 받는지 서로 모르게 주고받는 것이다.
3. 베푸는 사람은 누가 받는지 알지만 받는 사람은 모르게 주는 것이다.
4. 받는 사람은 누가 주는지 알지만 주는 사람은 누가 받는지 모르게 주는 것이다.
5. 달라고 하기 전에 도움을 주는 것이다.
6. 달라는 부탁을 받고 도움을 주는 것이다.
7. 필요한 만큼 주지 않지만 기쁜 마음으로 주는 것이다.
8. 싫은데 억지로 하는 것이다. 증인이 보는 앞에서 하고 감사 인사를 기다리며 주는 도움이다.

마이모니데스는 "비록 8의 도움이라 할지라도 아무것도 하지 않는 것보다 낫다."고 말한다. 그만큼 남을 돕는 행위는 그 자체로 의미가 있다. 그러니 자신이 할 수 있는 아주 작은 것을 실천하도록 해보자. 무거운 짐을 들고 가는 사람들의 짐을 들어주거나, 누군가가 힘들어 할 때 함께 고민을 들어주고, 길가에 떨어진 쓰레기를 줍는 것도 실천해보는 것이다. 마음으로 결심하는 것보다 더 중요한 것은 아주 작은 것이라도 실천하는 것이다.

태도의 힘

오늘의 실천 노트

● 오늘 삶에서 행한 선행을 적어보세요. (아주 작은 것이라도 괜찮습니다.)

● 한 가지도 적을 것이 없다면 내일은 의도적으로 선행을 실천해보세요.

그리고 그 느낌을 다시 적어보세요.

사람의 마음을 얻는
진정한 힘

한 랍비가 중요한 일을 결정하기 위해 조용히 초대장을 보냈다.

"내일 아침, 여섯 명이 한자리에 모여 문제 해결에 대한 논의를 합시다."

다음날 아침 초대장을 받은 사람들이 모였다. 그런데 모인 사람은 여섯 명이 아닌 일곱 명이었다. 초대하지 않은 사람 한 명이 더 온 것이었다. 랍비는 초대하지 않은 한 사람이 누구인지 도무지 알 수가 없어 이렇게 말했다.

"여기에 초대받지 않은 사람은 이 자리에서 나가주시기 바랍니다."

랍비의 말을 들은 후 가장 명성이 자자한 랍비가 조용히 일

태도의 힘

어나 밖으로 나갔다. 그는 초대장을 받고 온 사람이었다.

그가 밖으로 나간 이유는 이렇다. 초대를 받은 것으로 착각한 사람이 창피당하지 않도록 하기 위해 자진해서 나간 것이다.

모두가 행복한 삶을 살아가려면 배려의 덕목이 필요하다. 배려는 남을 생각하는 마음이다. 남의 입장을 미리 살펴 상대가 불편하지 않도록 행동하는 마음의 자세이다. 철저히 상대편 입장에서 생각하고 행동하므로 관계를 이어가는데 최고의 덕목이다.

위 예화에 나오는 이야기만 살펴봐도 이해가 쉽다. 평소 명성이 자자한 랍비는 자신이 굳이 밖으로 나가지 않아도 된다. 모른 척하고 있어도 그만이다. 그래도 자신에게는 어떤 불이익도 뒤따르지 않는다. 그럼에도 그는 조용히 밖으로 나갔다. 초대받지 않고 온 사람을 위해서다. 초대를 받은 것으로 착각한 사람은 난처한 상황을 모면할 수 있었다. 랍비의 따뜻한 마음 씀씀이에 감사했을 것이다. 그의 진심어린 배려를 평생 마음에 품고 살았을 것이다. 배려는 이렇게 사람과 사람 사이를 끈끈하게 이어주는 연결 고리 역할을 한다.

그러나 배려를 한다면서 진심어린 마음으로 다가가지 못하면 역효과가 난다. 오히려 가만히 있는 것만도 못하게 된다. 그 의미를 『탈무드』의 다른 이야기로 이해해보자.

어떤 부자가 있었다. 그는 가난하여 잘 먹지 못하는 학자 두 명을 초대했다. 두 학자는 초대를 받아가서 율법을 토론하기 시작했다. 『탈무드』로 논쟁을 벌인 것이다. 둘은 한창 토론을 이어갔다. 그때 여주인이 레몬차와 과자를 들고 왔다. 과자의 크기는 달랐다. 하나는 크고 하나는 작았다. 한 학자가 다른 학자에게 권했다.

"먼저 드시지요."

다른 학자가 말했다.

"아닙니다. 당신이 먼저 드십시오."

서로 권하다가 한 학자가 마지못해 과자를 집어 들었다. 큰 과자였다. 그 모습을 지켜보던 다른 학자는 몹시 당황해 하며 이렇게 물었다.

"먼저 과자를 가져가면서 어떻게 큰 과자를 집을 수 있나요? 당신은 인격적인 학자인 줄 알았는데 무례하기 짝이 없군요."

이 말을 들은 다른 학자가 물었다.

"당신이라면 어떻게 하겠습니까?"

"나라면 작은 것을 집을 것입니다."

대답을 들은 학자가 큰 과자를 들고 다시 대답했다.

"지금 당신은 작은 것을 집고 있지 않소. 제대로 되었는데

태도의 힘

무엇을 그리 흥분하시나요?"

위 이야기로 배려에는 두 가지가 있다는 것을 알 수 있다. 자기 입장에서 생각하는 배려와 상대방 입장을 생각하고 상대가 원하는 것을 토대로 베푸는 배려이다. 두 학자는 서로를 배려했다. 그러나 모두 자기중심적으로 생각하고 배려했다. 상대방 입장을 살피지 않은 것이다. 그러다 보니 조그마한 과자 하나로 마음이 상하고 말 았다. 둘의 관계가 이전보다 좋지 않은 사이로 발전되었다는 것은 모두가 알 수 있다. 이렇듯 남의 입장을 충분히 살펴 배려하지 않으면 오히려 상대를 화나게 만든다. 그리고 상처를 줄 뿐이다.

사실 배려는 상대를 위한 마음을 실천하는 것이지만 자신에게도 많은 유익이 된다. 『탈무드』 이야기로 살펴보자.

한 사나이가 깜깜한 밤길을 걸어가고 있었다. 마침 맞은편에서 등불을 들고 더듬더듬 걷고 있는 사람이 보였다. '저 사람의 등불이 있으면 어두운 길을 걷는데 도움이 되겠군.' 하고 생각한 사나이는 가까이 다가가 보았다. 그런데 등불을 들고 오는 사람은 앞을 보지 못하는 장님이었다. 사나이가 의아해 하며 물었다.

"이보시오, 당신은 앞을 보지 못하는데 왜 등불을 들고 가십니까?"

장님은 입가에 미소를 지으며 이렇게 대답했다.

"나는 앞을 보지 못해 등불이 소용이 없습니다. 그러나 당신처럼 앞을 보는 사람에게는 제가 걸어가고 있다는 것을 볼 수 있겠지요. 그러면 서로 부딪치는 일은 없을 것 아니겠소. 당신이 나를 발견한 것처럼 말입니다."

장님은 앞을 보는 사람을 위해 등불을 들었다. 앞을 보는 사람들이 밤길에 다치지 않도록 하기 위해서였다. 언뜻 보면 등불 없이 밤길을 걷는 사람을 위한 것처럼 보인다. 그러나 장님이 진짜 등불을 든 이유는 자신을 위한 것이었다. 등불 없이 밤길을 걷는 사람이 자신에게 부딪쳐 다칠까 봐 등불을 든 것이다. 배려는 상대방을 위한 것 같지만 실제는 자신을 돕는 것이라는 것을 알게 하는 이야기로 해석할 수도 있다. 상대를 배려해 마음을 얻게 되면 언젠가는 다시 자신에게 그 배려가 돌아오기 때문이다.

태도의 힘

피뢰침을 발명하고 미국의 독립선언서를 기초한 벤저민 프랭클린은 배려를 실천하면 돌아오는 유익을 이렇게 말했다. "모든 사람에게 예절 바르고, 많은 사람에게 친절한 사람은 아무에게도 적이 되지 않는다."

러시아의 대문호 톨스토이도 배려의 중요성을 이렇게 전한다. "친절은 이 세상을 아름답게 만들며 모든 비난을 해결한다. 그리고 얽힌 것을 풀어 헤치고, 어려운 일을 수월하게 만들고, 암담한 것을 즐겁게 바꾼다."

톨스토이는 배려가 사람과 사람 사이의 관계를 아름답게 만들고 우리가 사는 세상도 변화시킬 수 있다고 말한다. 그 의미를 마음에 새기며 배려의 태도를 형성하도록 하자.

✡ 어떻게 배려의 태도를 형성할 수 있을까?

내가 배려받고 싶었던 마음을 생각하는 것이 먼저다. 사람의 마음은 대부분이 비슷하다. 내가 받고 싶은 배려를 상대도 원한다. 그래서 평소에 다른 사람이 자신에게 배려해주었으면 하는 것들을 깊이 생각해보는 것이 중요하다. 자신이 받고 싶은 배려는 비슷한 처지에 있는 상대방도 그대로 배려받고 싶어 하기 때문이다.

자신이 학교 생활을 할 때, 가정에 있을 때 어떤 배려를 받고 싶었는지 깊이 생각해보라. 그때 마음을 생각하고 비슷한 처지에 있는 사람에게 다가가는 것이다. 아무것도 하기 귀찮을 때 가족들이 자신에게 어떻게 대해주었으면 좋을지를 생각하고 있다가 가족들이 자신과 비슷한 처지에 있을 때 그 마음으로 다가가는 것이다. 그러면 어렵지 않게 가족에게 배려를 실천할 수 있다. 학교에서도 다르지 않다. 힘들어하는 친구나 도움이 필요한 친구의 입장에서 충분히 생각한 다음 다가서야 부작용이 없다. 친구의 입장은 생각해보지 않고 무턱대고 접근하면 오히려 역효과가 난다.

두 번째는 자신이 할 수 있는 아주 작은 것부터 실천하면 된다. 거창한 것이 아니라 자신이 하고 있는 것에 책임을 다하는 것이 중요하다. 그러면 자연스레 상대를 배려하게 된다.

미국 보스턴에 정신질환자가 입원해 있는 지하 병실에는 한 처녀가 격리되어 있었다. 병세가 심해 회복이 불가능하다는 진단을 받을 정도였다. 그 처녀는 사납게 행동하며 주변 사람들을 공격했다. 아무도 그녀의 곁에 다가서려 하지 않았다. 부모도 의사도 포기상태였다.

그때 정년퇴직한 간호사가 우연히 그 처녀를 보게 되었다. 어린 처녀가 병으로 괴로워하는 것을 보고 안쓰러운 마음에 간호사는 매일 찾아가 보살펴주었다. 처녀가 좋아할 만한 선물을 해주고 다정하게 말을 걸었다. 그러나 처녀는 아무런 반응도 보이지 않았다. 그럼에도 간호사는 포기하지 않고 계속해서 지하 병실을 찾아

태도의 힘

갔다.

6개월이 지나가는 어느 순간부터 처녀가 변하기 시작했다. 의사도 포기한 병세가 점점 좋아졌고 결국은 완치가 되어 퇴원을 하게 되었다. 그 처녀는 퇴원 후 자신과 비슷한 처지에 있는 사람을 돕고 싶다는 마음을 품는다. 그러다 신문에서 가정교사를 구한다는 구인광고를 본다. 그런데 조건이 있었다. 아이가 듣지도 보지도 말하지도 못한다는 것이었다. 그 처녀는 삼중고로 힘들어하는 아이를 돌보고 싶다며 자원해서 가르친다. 그 아이는 처녀의 도움으로 훗날 작가이자 교육자, 사회사업가가 된다. 그 아이가 바로 헬런 켈러였고, 정신질환으로 고통을 받았던 처녀는 앤 설리번이었다. 정년퇴직한 간호사의 책임 있는 보살핌이 없었다면 인권운동가 헬런 켈러는 이 세상에 존재하지 않았을 것이다.

자신이 하는 일을 성실히 수행하는 것도 배려의 덕목을 키우는 비결이다. 배려의 태도를 형성하겠다고 도와줄 사람을 찾기 위해 여기저기 기웃거리는 것이 아니라 현재 자리에서 맡겨진 일에 최선을 다하면 된다. 화장실 청소를 해야 한다면 최선을 다해 청소를 하는 것이다. 자신이 지저분한 화장실을 사용했을 때 마음을 생각하며 깨끗하게 청소하면 된다. 그러면 자연스레 화장실을 사용할 친구를 배려할 수 있다. 이렇게 자신의 자리에서 최선을 다하다 보면 어느새 배려가 몸에 배게 된다.

오늘의 실천 노트

다음 질문에 답을 적어보세요.

● 내가 받는 최고의 배려는 무엇인가요? 그때의 기분과 마음의 느낌은 어땠나요?

● 그런 마음으로 누군가를 배려해야 한다고 생각하면 떠오르는 사람은 누구인가요?

● 그 사람에게 진심어린 마음으로 다가가려면 어떻게 해야 할까요?

● 내가 공동체에서 맡아서 하고 있는 일은 무엇인가요?

   그 일이 다른 사람들에게 어떤 유익을 주는가요?

태도의 힘

인공지능시대의
필수 역량은 무엇인가?

어느 왕에게 '오차'라는 아주 맛있는 과일 나무가 있었다. 왕은 그 나무를 지키기 위해 경비원 두 사람을 고용했다. 한 사람은 소경이고, 또 한 사람은 절름발이었다.

두 사람은 '오차'를 지키다 문득 유혹에 빠졌다. 둘은 서로 상의한 끝에 결국 과일을 따 먹기로 결정했다. 소경은 어깨 위에 절름발이를 태웠다. 절름발이는 소경에게 방향을 지시하여 과일이 있는 곳으로 안내했다. 두 사람은 맛있는 과일을 마음껏 따 먹었다.

과일이 없어진 것을 알게 된 왕이 몹시 화가 나 두 사람을 잡아오라고 했다. 왕은 왜 나무를 지키지 못했는지 물었다. 소경은 자신은 앞을 볼 수 없어서 열매를 딸 수가 없다고 했다. 절름발이는 저렇게 높은 곳에 어떻게 올라갈 수 있겠느냐고 말했다. 왕은 두 사람의 이야기를 듣고 사실이라고 인정했다. 그러나 두 사람의 말을 믿지는 않았다.

어떤 일을 하든 둘의 힘은 하나의 힘보다 위대하다. 사람도 육체만 가지고는 아무것도 해낼 수 없으며, 정신만 가지고도 아무것도 해내지 못한다. 육체와 정신이 힘을 합쳐야 좋은 일이건 나쁜 일이건 할 수가 있다.

바람직한 삶의 태도를 형성하도록 교육을 하는 시대가 되었다. 인성교육진흥법이 2015년 7월부터 시행되고 있다. 인성교육진흥법에서 추구하는 인성교육은 '자신의 내면을 가꾸고 타인이나 공동체와 더불어 살아가는데 필요한 역량을 기르는 것'이다. 자기 내면과 함께 다른 사람과 더불어 살아가는데 필요한 역량이 형성되어야 비로소 바람직한 삶의 태도를 품었다고 이야기할 수 있다.
혼자뿐만 아니라 함께 의사소통하고 감정을 이해하고 상호작용하는 능력을 갖추어야 한다는 것이다.
인공지능시대는 함께 하는 능력 없이는 살아남기 힘들다. 인공지능이 아무리 최첨단 기기로 무장해도 타인의 감정을 읽어내고 소통하며 상호작용 하는 일은 할 수 없다. 오직 인간만이

태도의 힘

상대의 감정을 읽고 필요한 것이 무엇인지 알아차릴 수 있다. 결국 의사소통 능력과 타협, 남을 배려하고 협업하는 능력이 필요한 것이다. 다른 사람과 협력할 수 있는 덕목이 있다면 인공지능시대가 다가와도 두렵지 않다.

옥스퍼드대학 산하 연구기관인 옥스퍼드 이코노믹스는 인공지능시대에 필요한 역량이 무엇인지 밝혔다. 당연히 디지털 기술을 다루는 스킬이 중요하다고 했다. 또한 통찰력과 사고력도 중요한 덕목이라고 했다. 나아가 대인관계 능력과 의사소통 능력이 필요하다고 했다. 그중에서도 협력과 관련된 덕목이 차지하는 비중이 꽤 높았다. 팀 내 그룹 활동 능력의 수요도는 44.9퍼센트에 달했다. 공동작업 능력의 수요도 30.4퍼센트였다. 커뮤니케이션 능력 29.0퍼센트까지 합하면 협력 덕목은 인공지능시대에 갖추어야 할 필수적인 요소라는 것을 증명했다. 서로 정보를 주고받으며 창조적인 산물을 만들어가는데 협업하는 능력이 꼭 필요하다고 강조한 것이다.

『탈무드』에도 서로 협력하는 중요성을 소경과 절름발이의 비유를 들어 이야기했다. 혼자 힘으로는 원하는 것을 얻을 수 없지만 서로 부족한 점을 도우며 협력하면 원하는 것을 얻을 수 있다고 말이다. 이 세상의 모든 성과물들은 이렇게 서로 협력하는 가운데 만들어진다.

협력의 덕목이 이렇게 중요하지만 현실에서는 서로 돕기를 꺼려한다. 누군가를 돕는 일이 자신의 손해라고 생각하기 때문이다. 줄세우기 식의 성적 산정방식도 서로 돕지 못하게 한다. 다른 친구를 도우면 자신의 성적이 떨어질 수 있다. 선한 의도로 누군가를 돕지만 의도치 않게 자신이 손해를 보는 경우가 있다. 그러다 보니 친구를 돕는 일에 선뜻 나서지 않는다. 혼자 하는 과제보다 함께 하는 과제에서 좋은 결과물을 만들어내기 힘든 이유가 여기에 있다.

그래도 서로 협력하겠다는 정신이 필요하다. 이제는 성적을 산정하는 방식이 바뀌기 때문이다. 초, 중학교에서는 중간고사와 기말고사가 없어진다. 대신 과정을 평가하겠다고 한다. 과정평가는 협력과 관련된 부분이 많아질 수밖에 없다.

설령 당장 좋은 성적을 받지 못하더라도 바람직한 삶의 태도를 위해 협력하겠다는 생각을 품어야 한다. 바람직한 삶의 태도는 하루아침에 형성되지 않는다. 어렸을 때부터 끊임없이 훈련하고 다듬고 습관화시켜야 비로소 자신의 것이 된다.

협력을 실천하면 당장 손해를 볼 것 같은데 그렇지 않다. 다음의 이야기를 읽으며 협력의 의미를 다시 되새겨 보자.

부지런한 농부 형제가 살고 있었다. 형은 결혼하여 아이를 낳았다. 그러나 동생은 아직 미혼이었다.
아버지가 돌아가신 후 그들은 재산을 공평하게 나누었다.

태도의 힘

사과와 옥수수 농사도 함께 지어 똑같이 나누고 자신들의 창고에 넣었다.

어느 날 동생은 이렇게 생각했다. '형은 형수와 조카가 있어서 생활이 어려울 거야. 내 몫을 갖다 드려야지.' 그리고 밤에 몰래 형의 창고에 상당한 양의 곡물을 갖다 놓았다. 형은 '나는 아내와 아이가 있으니깐 걱정이 없지만 동생은 독신이니까 열심히 모아야 결혼할 수 있을 거야.'라고 생각하고 사과와 옥수수를 동생의 창고에 옮겨다 놓았다.

아침이 되어 창고에 간 형제는 수확물이 조금도 줄어들지 않고 그대로 있는 것을 발견하고 이상하게 생각했다.

다음날 형과 동생은 또 상대방의 창고에 사과와 옥수수를 나르기 시작했다. 그러다 도중에 둘은 마주치고 말았다. 두 형제는 서로를 얼마나 깊이 생각하고 있는가를 알게 되었고 농작물을 그 자리에 내려놓고 서로 부둥켜안고 눈물을 흘렸다.

✡ 어떻게 협력을 실천하며 살아갈 수 있을까?

협력의 태도를 형성하려면 상대를 공감할 수 있어야 한다. 공감에는 '함께 고통을 겪다', '다른 사람의 길을 걷는 것'이라는 의미가 담겨 있다. '남의 신발을 신다'라는 뜻도 있다. 상대 신발을 신었을 때 느낌을 공유하는 것이다. 신발이 작으면 작은 대로, 따뜻한

온기가 남아 있으면 그 온기를 함께 느끼는 능력이다. 상대가 처한 상황을 자신의 상황처럼 여기는 것이다.

세계적인 심리학자 대니얼 골먼은 미래 사회는 '사회 지능Social intelligence'이 높은 사람이 성공할 수 있다고 말한다. 사회 지능은 타인과 잘 어울리는 능력이다. 상대와 잘 어우러지려면 공감 능력이 필수다. 상대를 공감하지 않고는 상대가 처한 상황과 감정과 의도를 읽어낼 수 없다. 상대 상황이 제대로 파악이 되어야 진짜 협력을 할 수 있다.

자신이 조금 손해 보겠다는 생각도 중요하다. 자신의 주장만 너무 내세우면 제대로 된 협력을 이끌어낼 수 없다. 자신이 먼저 양보하고 손해 보겠다는 생각으로 접근하면 의외로 문제가 쉽게 풀릴 수 있다. 자신의 주장만 내세우면 팽팽한 긴장 상태가 유지될 뿐, 협력에는 아무런 도움이 되지 않는다. 자신이 먼저 양보하며 협력하다 보면 상대도 자연스레 양보할 때가 온다.

배려하는 마음도 필요하다. 배려는 자신이 조금 손해 본다는 마음으로 하면 좋다. 자신을 희생하겠다는 마음이 있으면 배려는 의외로 쉽다. 내가 조금 손해 보고 희생하겠다는 마음이 있으면 상대도 진심을 알아주고 배려하게 된다. 그러면 협력도 자연스레 이루어진다.

오늘의 실천 노트

다음 질문을 읽고 그에 걸맞은 답을 적어보세요.

● 협력하기 위해 내가 희생해야 할 것은 무엇이라고 생각하나요?

● 협력하면 내가 얻을 수 있는 좋은 점은 무엇일까요? 그 이유는 무엇인가요?

● 협력하지 않았을 때 내가 잃을 것은 무엇일까요?

더불어 행복한 세상을 디자인하라

소통이 돼야
'더불어'가 가능해진다

로마의 황제가 이스라엘의 랍비와 두터운 친분을 유지하고
있었다. 두 사람은 두 나라 사이의 관계가 악화될 때에도 여
전히 친밀한 관계를 유지했다. 그러나 두 사람이 친한 사이
라는 것은 숨겨야만 했다. 만일 이 사실이 이스라엘 사람들
에게 알려진다면 엄청난 사태가 벌어질지도 모를 일이었다.
그래서 로마 황제는 랍비에게 물어보고 싶은 것이 있을 때
면 하인을 보내어 간접적으로 그의 의견을 물어보았다.

어느 날 황제는 랍비에게 편지를 전했다.

"내가 원하는 바가 두 가지 있다. 첫째는 내가 죽고 난 후 내
아들로 하여금 황제의 자리를 잇게 하는 것이요, 둘째는 이
스라엘의 한 도시를 관세 자유도시로 만드는 것이다. 그렇

태도의 힘

지만 나는 이 두 가지 중 한 가지밖에 성공하지 못할 것 같은 예감이 든다. 이 두 가지를 모두 성공할 수 있는 방법이 없겠는가?"

하인이 돌아오자 황제는 이렇게 물었다.

"수고했다. 편지를 받고 나서 그가 어떻게 하더냐?"

하인은 단지 이렇게 말할 뿐이었다.

"그는 편지를 읽고 나더니 자신의 아들을 어깨 위에 올려놓고 비둘기를 그 아들에게 주어 하늘 높이 날려 보내게 했습니다. 그리고는 아무 말도 하지 않았습니다."

황제는 그 말을 듣고 랍비의 뜻을 즉각 알아차렸다. 그것은 '우선 황제의 자리를 아들에게 물려준 후에, 그 아들로 하여금 관세를 자유화하도록 하면 된다'는 뜻이었다.

어느 날 황제는 또 편지를 보냈다.

"신하들이 내 마음을 괴롭히고 있는데 어떻게 하면 좋겠소?"

랍비는 아무 말도 않고 밭으로 나가 채소 한 포기를 뽑아왔다. 잠시 후 다시 밭에 나가 한 포기를 뽑아오고, 잠시 후에 또 한 포기를 뽑아왔다.

하인은 랍비의 행동을 황제에게 자세히 알려주었다. 황제는 랍비가 말하려는 뜻을 금세 알 수 있었다. 그들을 한 번에 일망타진시키려고 하지 말고 여러 번으로 나누어 한 사람씩

제거하라는 뜻이었다.

사람이 살아가는 사회에는 어느 곳이나 갈등이 존재한다. 사실 갈등은 나쁜 것이 아니다. 자연스러운 현상이다. 서로 다른 가치와 목표, 생활환경, 습관을 가진 사람들이 모여 있기 때문에 갈등이 생길 수밖에 없다.

그러나 중요한 것은 갈등을 어떻게 극복하며 나아가느냐이다. 서로 다른 생각과 의견을 가진 사람들이 갈등을 해결하며 어우러 져야 모두 행복한 삶을 살아갈 수 있다. 그래서 소통이 중요하다. 소통은 함께 어우러져 살아가도록 연결 고리 역할을 해주기 때문 이다.

한때 로마는 이스라엘을 통치했다. 그런데도 로마 황제는 이스 라엘 랍비와 친밀한 관계를 유지했다. 랍비의 지혜를 빌려 통치를 하고 싶었던 것이다. 랍비는 로마 황제와 친밀하게 소식을 주고받 았다. 그 사실이 전해지면 난처할 수 있음에도 말이다. 그럼에도 랍비는 로마 황제의 고민거리를 해결해주었다. 서로 다른 입장에 처해 있는 두 사람이 고민을 해결할 수 있었던 방법은 소통이었다. 마음을 읽어내는 소통으로 서로 다른 입장과 상황에서도 도움을 주고받을 수 있었다.

현재 우리 사회는 여러 갈등 속에 있다. 서로 소통이 제대로 되 지 않는 것이다. 세대, 지역, 정치, 이념, 갑과 을로 곳곳에서 갈등

하며 신음한다. 학교에서도 다르지 않다. 선생님과 학생들의 갈등도 있고 친구와도 마음을 터놓고 소통하지 못할 때가 있다. 그러다 보니 서로의 입장을 이해하지 못해 파열음이 들린다. 소통의 문이 닫혀 서로가 힘든 삶을 이어가는 것이다. 소통의 문이 닫히면 어떤 일이 벌어지는지 알 수 있는 이야기가 있다.

예루살렘에서 한 남자가 버스에 올랐다. 버스 안에는 뚱뚱한 부인이 강아지 한 마리를 데리고 앉아 있었다. 그런데 그 개가 한 사람이 앉을 수 있는 자리를 차지하고 있었다. 남자 승객은 자기 몸이 너무나 피곤해서 부인에게 말했다.

"미안합니다만, 이 자리를 양보해주지 않겠습니까?"

그러나 부인은 못 들은 척했다.

"부인, 이 개 대신 제가 앉게 해주시지요."

부인이 이번에는 고개를 가로저어 거절했다.

급기야 화가 치밀어 오른 남자는 그 강아지를 집어 버스 창밖으로 던져버렸다. 부인의 입에서 비명 소리가 터져 나왔고, 이때 옆에 있던 사람이 끼어들며 말했다.

"이보쇼, 나쁜 건 강아지가 아니라 부인이잖소? 당신은 엉뚱한 것에 화를 내고 있군요. 마치 엉뚱한 것을 칭찬하듯이 말이오."

화를 내야 하는 대상은 부인이다. 그런데 남자는 강아지에게 화풀이를 했다. 상대의 말을 제대로 이해하지 못한 까닭이다. 소통이 제대로 되지 않아 오해가 생긴 것이다. 이렇듯 소통이 제대로 이뤄지지 않으면 엉뚱한 곳에서 일이 터진다.

소통이 되지 않으면 그 손해는 고스란히 자신의 것이 된다. 상대방의 의견을 이해할 수 없어 일을 그르치게 된다. 그래서 소통이 중요하다. 소통은 연결 고리가 되어 오해를 풀어주고 갈등 상황을 해결해준다.

✡ 어떻게 소통하며 살 수 있을까?

먼저 자기 마음의 문을 여는 것부터 시작해야 한다. 소통은 혼자서 할 수 있는 것이 아니기 때문이다. 소통은 반드시 상대가 있다. 상대방과 막힘 없이 뚫어주는 것이 소통인데 자기 마음이 닫혀 있으면 진정한 소통은 이뤄지지 않는다.

두 번째는 상대에 대한 편견과 선입견을 버려야 한다. 만나는 대상에 대해 편견과 선입견을 갖고 있으면 쉽게 마음을 열 수 없다. 상대를 있는 그대로 바라보기도 힘들다. 선뜻 다가서기도 힘들다. 상대가 어떤 사람인지 미리 규정지어버리면 어떤 대상과도 원활한 소통을 하기 힘들다.

요즘은 청소년들 중에 화장을 하는 친구가 많다. 적당한 화장은

태도의 힘

괜찮지만 너무 과한 화장은 하지 않는 게 좋다. 자신의 있는 모습 그대로를 가치 있게 바라보지 못하게 만들기 때문이다. 자신의 모습을 온전히 바라보지 못하면 자신과 온전한 소통을 할 수 없다. 자신과 소통이 이뤄지지 않으면 다른 사람과의 소통도 어렵다.

있는 그대로를 인정하고 바라보려면 우리는 서로 다른 존재라는 것도 알아야 한다. 세상에 똑같은 사람은 없다. 저마다 개성을 가지고 있다. 개성적인 부분을 인정하고 받아들여야 선입견과 편견에서 벗어날 수 있다.

세 번째는 서로를 존중하는 마음으로 다가서는 것이다. 존중은 말에서부터 시작해야 한다. 상대를 배려하는 마음으로 말해야 한다. 그 의미를 다음 이야기로 이해하면 쉽다.

극작가이자 평론가인 벤 존슨은 혹평가였다. 어디에 초대되든지 음식을 먹고 나면 자기 나름의 잣대로 혹평을 일삼았다. 그 정도가 지독해 함께한 사람들조차 고개를 절레절레 흔들 정도였다.

어느 날 그는 한 식탁에 초대를 받았다. 근사한 음식이 차려졌다. 음식을 먹던 벤 존슨이 주인에게 말했다.

"이 음식은 영락없이 돼지 먹이군."

그 소리를 듣고 요리를 만든 주인이 되받아쳤다.

"어머나! 그래요? 그러면 한 접시 더 드려야겠네요."

가는 말이 곱지 않으니 오는 말도 곱지 않다. 상대를 비꼬는 말이 자신을 향한 화살이 되었다. 상대를 존중하지 못한 결과인 것이다. 존중받지 못한 이야기를 들으면 원활한 소통의 장을 만들어갈 수 없다. 마음 문을 꽁꽁 닫아버린다. 그래서 소통의 장을 이어가려면 상대를 존중하는 마음을 품어야 한다. 그럴 때 진정한 소통을 이룰 수 있다.

오늘의 실천 노트

다음 질문에 답을 하면서 자신을 점검하는 시간을 가져보세요.

● 자신에게 다른 사람과의 소통에 점수를 준다면 몇 점일까요?

● 왜 그런 점수를 주었나요?

● 조금 더 열린 마음으로 상대방과 소통하려면 나에게 무엇이 필요할까요?

경청이 의사소통의
시작점이다

말을 잘하는 사람보다는 열심히 경청하는 사람이 존경을 받는다. 그래서 혀는 칼에 비유되기도 한다. 주의해서 다루지 않으면 사람을 상처 낼 뿐 아니라, 자신도 상처를 입게 되기 때문이다. 훌륭한 검술가는 칼이 꼭 필요할 때 외에는 칼을 뽑지 않는다.

더불어 살아가려면 의사소통이 잘 이루어져야 한다. 특히 인공지능시대는 의사소통 능력이 중요하다. 다른 의견을 가진 사람들이 소통하며 협업을 해야 하기 때문이다. 또한 어느 시대를 막론하고 의사소통 능력이 강한 사람이 앞서가고 인정받았다. 의사소통은 이제 기본적으로 갖추어야 할 능력이 되었다.

태도의 힘

의사소통의 도구는 다양하지만 대표적인 것이 말과 글쓰기다. 말과 글쓰기 능력이 탁월하면 어느 분야에서든 돋보일 수 있다. 스마트폰이 등장하면서부터 청소년들이 말하고 쓰기가 잘 안 된다. 보는 것에만 익숙해지다 보니 자신의 생각을 논리적으로 말하고 글로 표현해내지 못하는 것이다.

의사소통 능력을 기르려면 먼저 말이 되어야 한다. 논리적이고 설득력 있는 말을 하게 되면 글쓰기는 자연스럽게 형성된다. 그런데 많은 청소년들이 자신의 생각을 말로 표현하지 못한다. 그 이유는 제대로 된 훈련을 받지 않았기 때문이다. 학교에서 거의 대부분을 말하기보다 듣는 교육을 받다 보니 말하기를 어렵게 생각한다. 할 말이 생겨도 상대방과 효과적으로 의사소통하는 것을 힘겨워하기는 마찬가지다. 어떻게 듣고 말해야 하는지 현장 경험이 부족한 것이 이유다.

때로는 절제되지 않은 말로 상대의 마음을 아프게 할 때도 있다. 소통을 하겠다면서 상대를 화나게 하는 대화는 하지 않는 것만 못하다. 그래서 『탈무드』에는 이런 이야기의 메시지가 자주 등장한다.

어느 날 랍비는 가르치는 학생들을 자기 집으로 초대해 잔치를 베풀었다. 잔칫상에는 소와 양의 혀로 요리한 음식이 놓여 있었다. 그런데 요리에는 특이한 점이 있었다. 어떤 혀

의 요리는 딱딱했고, 어떤 혀의 요리는 부드러웠다. 학생들
은 모두 부드러운 혀 요리만 골라 먹었다. 이를 보던 랍비가
말했다.

"너희들도 항상 혀를 부드럽게 간직할 수 있도록 해라. 혀가
딱딱하게 굳은 사람은 남을 노하게 하거나 서로 간에 불화
의 씨를 만드는 법이니라."

의사소통에 대한 착각이 효과적인 의사소통을 하지 못하게 할
때도 있다. 많은 청소년은 의사소통을 자신이 할 말을 잘 표현하는
것으로 생각한다. 물론 맞는 말이다. 하지만 더 중요한 것은 상대
방의 말을 잘 듣는 것이다. 잘 들어야 효과적인 소통이 가능하다.
다른 쪽의 의견을 잘 듣지 않고서는 효과적인 소통은 불가능하다.
그래서 경청이 더욱 중요하다.

유럽의 어느 유대 마을에 아주 수다스러운 남자가 있었다.
그는 상대방이 말할 틈도 주지 않고 청산유수로 떠들어댔
다.

어느 날 이 사나이가 이웃 마을의 랍비 집을 방문해 이렇게
말했다.

"우리 마을 랍비가 당신을 욕했습니다."

랍비는 사나이의 말을 듣고 이렇게 대답했다.

태도의 힘

"그럴 리가 없다."

"정말입니다. 내 귀로 분명히 들었습니다."

사나이가 목청을 높이자 랍비가 다음과 같이 말했다.

"천만에. 자네가 그 자리에 있었다면 랍비는 한마디도 할 틈이 없었을 텐데 어느 틈에 내 욕을 한단 말인가."

랍비는 상대의 말을 경청하지 못하는 수다쟁이가 설령 욕을 했더라도 듣지 못했을 것이라고 일축했다. 수다스러운 남자는 억울할 것 같다. 그러나 어쩌겠는가. 평소 상대방 말을 듣지 않은 결과이니 당연한 일이다.

이제 초등학교, 중학교에서 중간고사와 기말고사를 치르지 않고 대신 과정 중심의 평가를 한다. 과정 중심의 평가에는 여러 가지가 있다. 그중에서도 중요한 영역은 토론이다. 토론은 자신의 생각을 논리적으로 표현할 수 있어야 좋은 평가를 받는다. 상대의 논리를 적절하게 반박하고 자신의 논리를 효과적으로 펼쳐가야 한다. 그러려면 상대의 말을 잘 경청해야 한다. 경청이 되어야 상대 논리가 제대로 파악된다.

유명 사회자나 토크쇼를 이끌어가는 사람들의 특징은 잘 들어준다는 것이다. 촌철살인寸鐵殺人의 말을 하지 않고도 그들이 좋은 프로그램을 만들어가는 비결은 잘 듣는 것에 있다. 개그맨 유재석을 보면 이해가 간다. 유재석은 늘 상대방 말을 잘 듣는다. 한마디

할 때마다 맞장구를 쳐주며 다음 말을 하도록 이끌어준다. 잘 웃어주고 고개를 끄덕여주기를 반복한다. "맞아요", "그랬어요?", "아이쿠, 마음이 아팠겠다" 등의 말로 반응해준다. 그런 경청의 태도가 상대의 마음을 열게 하고 이야기 보따리도 풀게 한 것이다.

미국 방송계의 살아 있는 전설로 불리는 래리 킹의 토크쇼는 주로 명사名士들이 출연했다. 래리 킹은 이름 꽤나 있는 사람들이 출연해도 물 흐르듯이 프로그램을 진행해 시청자를 사로잡았다. 그 비결이 궁금했던 한 기자가 래리 킹에게 물었다.

"래리, 당신은 무슨 재주로 다른 사람의 속마음을 그렇게 잘 이끌어내죠?"

대답을 하려던 래리 킹은 그 기자에게 되물었다.

"음, 당신이 대형 화재 현장에 취재를 갔다고 합시다. 소방관을 붙잡고 어떤 이야기부터 하겠습니까?"

그러자 기자는 자신이 평소 취재하는 스타일대로 답했다.

"화재는 언제 일어났는지, 원인은 뭔지, 진화는 언제쯤이면 되는지, 그리고 피해액은 얼마나 되는지를 묻죠."

"어이구, 이런! 그러니까 평생 말단이지……."

래리 킹의 말에 화가 난 기자가 다시 물었다.

"그럼 당신은 어떻게 하시겠습니까?"

"먼저 조용히 소방관의 어깨를 다독여주겠소. 그리고 이렇게 물어보지. '아! 이렇게 위험하고 힘든 데서 벌써 몇 시간째 고생하시

태도의 힘

는 거요?'하고 말이야."

　래리 킹은 먼저 상대의 마음을 공감해주었다. 공감은 존중이다. 그리고 하고 싶은 말을 할 수 있도록 배려했다. 어떤 말을 하더라도 잘 듣는 다음, 상대에게 필요한 질문을 던지고 이야기를 이어간다. 마음을 편하게 해주어 속마음을 터놓도록 한 것이다. 경청의 미덕이 최고의 방송을 만든 비결이었다.

　다른 사람의 이야기를 경청하는 것은 매우 중요하다. 그러나 더 중요한 것은 자신이 한 말을 들어보는 태도이다. 자기가 던진 말을 들을 수 있어야 온전한 대화를 이끌어갈 수 있다. 경청의 태도에 대한 지혜가 담긴 유대 격언을 살펴보자.

　현명한 사람은 자기가 무슨 말을 하고 있는지를 알고 있으며, 어리석은 사람은 자기가 지껄이고 있다는 사실만 안다.

✡ 어떻게 상대방의 말을 잘 경청할 수 있을까?

　경청의 덕목을 형성하려면 귀는 두 개인데 반해 입이 한 개인 이유를 아는 것부터 시작하면 좋다. 그 의미는 『탈무드』 이야기로 살펴보자.

　인간은 입이 하나, 귀가 둘이다. 이것은 말하기보다 듣는 데

더 열중하라는 뜻이다.

자신이 하고 싶은 말을 하기 전에 잘 듣는 것이 먼저라는 이야기다. 잘 들어야 잘 말할 수 있다. 잘 들어주면 상대는 존중받고 있다는 생각을 한다. 그러면 열린 마음으로 대화가 진행된다. 당연히 의사소통은 원활해진다.

두 번째는 말과 말 사이를 들어야 한다. 말 중간의 침묵에 마음을 기울이는 것이다. 대부분의 사람들은 상대와 대화를 나눌 때 상대의 말을 잘 듣지 않는다. 상대가 말하고 있는 동안 자신이 할 말을 생각하기 바쁘다. 그러다 보니 상대가 한 말을 제대로 듣지 못할 때가 많다. 그러므로 말과 말 사이에 숨겨져 있는 상대방 마음을 듣도록 힘써야 한다. 말과 말 사이를 듣는 것은 상대에게 집중하는 것이다. 내 자신에게 관심을 집중시키지 않는 것이다. 상대에게 집중해야 무슨 의도로 하는 말인지 속마음까지 꿰뚫어 볼 수 있다.

세 번째, 상대가 한 말을 한 번 되새김질하는 것이다. 상대가 한 말에 맞장구치는 습관을 하면 잘 들을 수 있다. 군대에 가면 '복명복창'을 훈련시킨다. 복명복창은 상급자가 내린 명령을 그대로 따라 말하는 것이다. 복명복창은 명령을 잘 잊지 않도록 하기 위한 것이지만, 잘 듣는 훈련이기도 하다. 잘 들어야 내용을 잘 이해하고 명령도 잘 지킬 수 있다.

태도의 힘

네 번째, 경청이 자신의 가치를 높이는 행동임을 아는 것이다. 잘 들어주면 상대는 자신의 존재 가치를 인정받고 있다고 생각한다. 자신이 존중받고 있다고 생각하면 당연히 상대도 존중을 해준다. 말만 잘 들어주었을 뿐인데도 자기 존재 가치가 올라간다. 신뢰감을 얻게 되니 어디서나 인정받을 수 있다. 특별히 잘 보이려고 하지 않아도 인정받는 것이다.

오늘의 실천 노트

오늘 자신이 한 말을 점검해보세요.

● 나는 듣기를 많이 했나요? 말을 더 많이 했나요?

● 듣기를 더 잘하기 위해 자신이 꼭 실천해야 할 것은 무엇인가요?

● 상대의 말을 들을 때 자신만의 리액션을 만들어보세요.

● 자신만의 리액션을 거울을 보며 연습하여 습관이 되도록 하세요.

태도의 힘

바람직한
시민의식으로 무장하라

한 사나이가 자기 집 뜰의 돌멩이를 도로에 내다버리고 있었다. 지나가던 노인이 물었다.

"왜 당신은 그런 짓을 하고 있는 거요?"

그러나 사나이는 웃기만 할 뿐 대답이 없었다.

20여 년이 지나서 이 사나이는 자기 땅을 팔게 되었다. 그런데 남의 손에 넘기고 다른 고장으로 가려고 첫발을 내딛는 순간, 전에 자기가 버린 돌멩이에 걸려 넘어지고 말았다.

사나이는 자기 집을 깨끗하게 하기 위해 돌멩이를 도로에 버렸다. 그는 돌멩이로 인해 다른 사람들이 어떤 피해를 입을지 관심이 없었다. 대신 자기 집이 깨끗해지는 것이 더 우선이었다. '나만 아니면 돼'라는 심보다. 그러나 그 피해는 결국 자신에게 돌아오고 말았다.

　인간은 혼자서 살아갈 수 없다. 누군가와 교류하며 관계를 맺으며 살아가야 한다. 공동체를 이루며 더불어 살아가야 하는 존재다. 그래서 더불어 살아가는데 필요한 역량을 갖추어야 한다. 더불어 살아가는 역량이 없으면 행복한 삶을 살아가기 힘들다. 인성교육 진흥법을 통해 청소년들에게 타인, 공동체, 자연과 더불어 살아가는데 필요한 인간다운 성품과 역량을 기르게 하는데 목적을 둔 것도 이 때문이다.

　더불어 살아가는데 필요한 역량 중 시민의식이 있다. 시민의식은 시민사회를 구성하고 있는 사람들의 생활태도 또는 마음의 자세를 의미한다. 서로 돕고 협력하며 성숙한 사회를 만들어가는 자세이다. 한마디로 모두가 행복하게 살아갈 수 있는 사회를 만들어가는 자세를 말한다.

　우리는 대한민국이라는 큰 배 안에서 살고 있다고 볼 수 있다. 큰 배 안에서는 모두가 지켜야 할 덕목들이 있다. 그것을 지키지 않으면 공동체는 무너진다. '나 하나는 괜찮겠지', '나만 아니면 돼'라는 생각으로 모두가 살아간다면 그 공동체의 미래는 없다. 그 의미를 위 예화에서 잘 보여주고 있다. 우리가 왜 시민의식을 지키며 살아가야 하는지를 잘 나타내주는 이야기다. 이와 비슷한 『탈무드』 이야기로 그 의미를 되새겨보자.

　　　　　　　　　　　태도의 힘

자신을 부당하게 대우하는 회사에 대해 항상 불만인 사람이 있었다. 마침내 회사 사장에게 불평을 말할 권리가 있다고 생각한 그가 사장 앞에 나아갔다.

"나는 이제까지 부당한 대우를 받아왔습니다. 회사를 위해 뼈가 빠지도록 일해왔으니, 퇴직금이나 받고 그만두겠습니다."

그러자 사장은 사장대로 불만을 토로했다.

"자네는 지금까지 꾀만 부리고 성실하지 못해서 파면시키려고 하던 참인데, 퇴직금은 무슨 퇴직금이야!"

그러던 어느 날 그는 회사 공금을 횡령하고 비밀 서류를 빼내어 외국으로 도망을 갔다. 그가 어디로 도망쳤는지 누구도 알 수가 없었다. 그런데 한 달쯤 뒤에 외국의 어느 도시에 숨어 살던 그를 회사 직원이 발견하게 되었다. 사장은 비행기 표를 한 친구에게 건네며 그를 만나달라고 간곡히 부탁했다. 그래서 사장 친구는 비행기를 타고 그를 찾아갔다. 어렵게 그를 만난 사장 친구는 간곡하게 그를 설득하려고 했다.

"어쩌자고 그런 짓을 하였소?"

그러자 그가 퉁명스럽게 말했다.

"나는 내 자유대로 행동했을 뿐이오."

사장 친구는 자기가 알고 있는 이야기를 그에게 들려주었다. "많은 사람이 같은 배를 타고 항해하고 있었답니다. 그런데 한 사나이가 자기가 앉아 있는 배의 바닥에 끌로 구멍을 뚫고 있었습니다. 사람들이 깜짝 놀라서 아우성을 치자 그는 '여기는 내 자리니까 내 마음대로 해도 괜찮다'고 태연하게 말했답니다. 결국 사람들은 모두 물 속에 가라앉고 말았지요."

사장 친구의 말을 조용히 듣고 난 뒤 그는 돈과 서류를 건네주었다. 그는 얼마 후 회사로 돌아가 사장과도 많은 이야기를 하고, 당초 그가 바라던 만큼은 아니지만 어느 정도의 퇴직금을 받게 됐다.

공동체 안에서 살아가다 보면 불만과 불평이 있기 마련이다. 다양한 사람들이 모여 살아가는데 다른 의견이 나오는 것은 당연하다. 자신이 원하는 것이 이루어지지 않는다고 자신과 뜻이 다르다고 극단적인 선택을 해서는 곤란하다. 극단적인 선택은 공동체를 무너뜨린다. 배를 타고 가던 사나이가 자신이 앉은 자리는 자기 마음대로 해도 괜찮다고 생각하는 것은 곤란하다는 것이다.

『탈무드』뿐만 아니라 유대 격언에는 공동체와 관련된 이야기가 많다.

태도의 힘

우물에 침을 뱉는 자는 언젠가 그 물을 마시게 된다.
자기가 마실지도 모르는 우물에 돌을 던지지 말라.

유대인들은 공동체 중심으로 살아야 했다. 나라 없이 세계를 떠돌면서도 그들이 살아남을 수 있었던 것은 공동체 정신 영향이 컸다. 그들은 어떤 상황에서도 서로를 도왔다. 가난한 사람에게는 먹을 것을 주고 자립할 수 있는 기회를 제공했다. 서로에게 도움이 되는 정보는 아낌없이 공유했다. 함께 모여 신앙 공부를 하며 정체성을 확립했다. 서로 위로하며 함께 고난을 이겨냈다. 힘을 합쳐 위기를 극복하고 더 좋은 방향으로 나아가도록 힘썼다. 그 힘이 오늘날 유대 민족을 있게 한 것이다.

'나만 아니면 돼.'라고 생각하고 행동한 결과는 언젠가 나에게로 돌아온다. 공동체에서 자신의 행동은 언젠가 부메랑이 돼서 돌아오기 마련이다. 우리는 지구라는 한 테두리, 대한민국이라는 큰 공동체 안에서 살아간다. 그 안에서 하는 모든 행동의 결과는 결국 나에게로, 나의 가족과 이웃에게로, 나의 후손에게로 그 영향이 흘러간다. 그것을 생각하며 오늘 내가 한 행동들을 점검해야 한다. 그리고 앞으로 어떤 시민의식으로 세상을 살아가야 할지도 생각해야 한다. 자신이 생각한 대로 인생도 펼쳐진다.

✡ 어떻게 성숙한 시민의식을 형성할 수 있을까?

성숙한 시민의식을 품으려면 자신이 맡은 책임을 다하겠다는 자세가 필요하다. 나만 아니면 돼가 아니라 내가 맡은 일은 최선을 다해서 해내야 한다. 세월호의 아픔은 성숙한 시민의식이 없어서 생긴 불행이다. 각자 맡은 자리에서 최선을 다하지 않았기 때문에 수많은 청소년의 생명이 바다 속으로 가라앉았다. 선장은 선장으로서 책임을 다하지 않았고, 구조를 해야 하는 경찰도 그 책임을 다하지 않았다. 기자들도 진실을 보도하지 않았다. 시민의식 없이 한 행동들이 모여 도저히 가라앉을 거라고 생각하지 않았던 큰 배가 침몰한 것이다. 그 의미를 『탈무드』 이야기로 배워보자.

나란히 선 두 집 사이에 담장이 있었다. 한 집에서 담장 밑에 채소를 심었는데 옆집 나뭇가지가 담을 넘어와서 그늘을 만들었다. 그 그늘 때문에 채소가 자라지 못했다. 그래서 담장을 넘어온 가지만 잘라달라고 이웃집에 요청했다. 옆집 사람이 말했다.
"그 나무는 균형 잡힌 모습입니다. 한쪽을 자르면 나무 값이 나가지 않습니다. 자를 수 없습니다."
할 수 없이 랍비에게 해결책을 요구했다. 랍비는 가만히 듣더니 내일 판결하겠다고 말했다.

둘은 할 수 없이 집으로 돌아갔다가 다음날 함께 랍비를 찾아갔다. 랍비가 말했다.

"잘라야 합니다."

옆집 사람이 물었다.

"그렇게 간단한 이야기를 두고 왜 어제 말하지 않고 하루를 미룬 것입니까?"

랍비가 말했다.

"잘라야 한다고 말하려다가 우리 집 나무가 옆집 담장을 넘어간 것이 생각났습니다. 그래서 어제 집에 가서 우리 집 나무를 먼저 잘랐지요. 그러고 나서 잘라야 한다고 말하는 것입니다."

랍비는 그럴듯한 말로 판결을 내릴 수도 있었다. 그러나 랍비는 자신을 먼저 돌아보았다. 자기 삶을 돌아보고 잘못된 점을 고치고 나서 판결을 내렸다. 성숙한 시민의식은 '나만 아니면 돼'가 아니라 '내가 먼저'라는 생각으로 만들어진다. 내가 먼저 솔선수범을 보이겠다는 생각들이 합쳐질 때 아름다운 공동체가 만들어진다.

둘째, 내가 당하기 싫은 일은 남들에게도 하지 않는 것이다. 스스로가 하기 싫은 일은 다른 사람에게도 권하지 말아야 한다. 내가 싫은 것은 남들도 싫어한다. 내가 원하지 않는 것은 남들도 원하지 않는다는 생각으로 산다면 성숙한 시민의식을 품을 수 있다. 내 집에 쓰레기가 있으면 싫듯이 공동으로 사용하는 곳에도 쓰레기가 있으면 누구나 싫다. 내가 집에서 쓰레기를 청소하듯이 공동으로 사용하는 곳도 치우겠다는 생각으로 살면 되는 것이다. 내 가족의 생명이 소중하면 이웃 사람의 생명도 소중하다. 내가 주장하는 권리가 소중하다면 친구나 주변 사람들의 권리도 소중하다. 이런 생각으로 살아간다면 우리 사회는 점점 더 좋은 모습으로 변화될 것이다.

태도의 힘

오늘의 실천 노트

다음 문항을 읽으며 자신의 시민의식을 점검해보세요.

● 보는 사람이 없을 때도 교통질서를 잘 지킨다.

　YES ☐　　NO ☐

● 남몰래 쓰레기를 버린 적이 있다.

　YES ☐　　NO ☐

● 공동으로 쓰는 물건은 함부로 사용한다.

　YES ☐　　NO ☐

● '나만 아니면 돼'라는 생각으로 행동한 적이 있다.

　YES ☐　　NO ☐

● 학급에서 자신이 맡은 일을 성실하게 감당한다.

　YES ☐　　NO ☐

더불어 행복한 세상을 디자인하라

4

가치가 인생의 나침반이다

다양한 선택의 기로에서 보다 의미 있고 바람직한 선택을 할 수 있는 기준은
자신이 품고 있는 가치에 의해 결정된다. 인생의 성공과 행복이 지금 품고 있는
가치의 영향을 받는다. 그러므로 지금 품고 있는 가치를 점검하고
어떤 유혹과 흔들림에도 넘어지지 않을 바람직한 가치를 찾아야 한다.
그 가치가 바로 자신의 미래를 결정한다.

성공적인 삶이 무엇인지
정의를 내려라

많은 재산을 가진 부자가 중병에 걸렸다. 곳곳에서 의사가 찾아왔지만 아무도 그의 병을 고치지 못했다. 날이 갈수록 병세는 악화되어 모든 희망이 사라진 것처럼 보였다. 하루는 곳곳을 떠돌던 수도자가 찾아와서 말했다.

"진정으로 행복한 남자의 셔츠를 그의 등에 걸쳐주십시오. 그렇게 하면 나을 것입니다."

가족들은 진정으로 행복한 남자의 셔츠를 찾아다녔다. 하지만 어디에도 완전하게 행복한 사람은 없었다. 그래도 아들은 반드시 그런 사람을 찾아내어 아버지를 구하겠다고 결심했다.

그는 도시를 빠져 나가 사막에 도착했다. 밤이 되었고 몸도

태도의 힘

지쳐서 쉬어야겠다고 생각했다. 그가 동굴을 하나 발견하고 동굴 앞으로 갔을 때 안에서 이런 소리가 들렸다.

"난 정말 행복해! 정말 멋진 하루였어! 자, 오늘도 푹 자볼까?"

이 말을 듣고 아들은 자신의 여행 목적이 달성되었다고 생각하며 기뻐했다. 그는 동굴로 들어가서 그 남자의 셔츠를 벗기려고 했다. 그러나 그는 아무것도 입지 않은 알몸이었다. 아들은 크게 실망하여 얼어붙은 듯 서 있었다.

"왜 그러십니까?"

"당신이 행복한 사람이라고 말하는 것을 들었습니다. 그래서 저는 당신의 셔츠를 갖고 싶었습니다. 그 셔츠만이 제 아버지의 병을 고칠 수 있기 때문입니다."

그 행복한 남자는 말했다.

"만약 나에게 셔츠가 있었다면 나는 행복하지 않았을 것입니다."

삶의 태도는 사람의 됨됨이에서 비롯된다. 한 사람이 가지는 품성이나 인격은 행동으로 드러난다. 그런데 그 행동을 하게 된 동기의 밑바탕에는 성공적인 삶을 살려는 욕구와 깊은 관계가 있다.

사람은 누구나 성공하고 싶어 한다. 성공하기 위해 청소년 시기를 불태운다. 놀고 싶은 것 참고, 자고 싶은 것 줄여가며 공부한다.

혹독한 환경으로 자신을 밀어 넣고 훗날 성공을 위해 편안함을 뒤로 한다. 과연 성공이 무엇이기에 바람직한 삶의 태도를 갖추고 꿈을 찾아야 하는 청소년 시기를 힘겨운 전쟁터로 만들었을까.

대부분의 사람들은 성공을 권력을 가지거나 영향력이 있는 것으로 평가한다. 높은 지위와 직책으로 누구 눈치 보지 않고 영향력을 행사하며 살면 성공했다고 여긴다. 요즘에는 사회적으로 인기 있는 사람도 성공했다고 말한다. 청소년 사이에는 인기가 성공의 척도가 되었다. 연예인이 되기 위해 어려서부터 준비한다. 세련된 외모를 위해 다듬고 가꾸고 의술의 힘까지 동원한다. 풍부한 인맥을 쌓기 위한 노력도 게을리하지 않는다.

그러나 그보다 더 강력한 성공의 잣대는 돈이다. 부자로 살면 성공했다고 생각하는 것이다. 그래서 좋은 성적을 위해 오늘을 희생한다. 명문대를 들어가고 번듯한 직장을 나오면 많은 돈을 벌 수 있다고 생각하기 때문이다. 그러다 보니 과정보다는 결과에 더 집중한다. 겉으로 보이는 결과물로 성공 여부를 가리다 보니 과정을 중요하게 여기지 않게 된다.

성공은 행복과 밀접하게 연결되어 있다. 성공을 간절히 바라는 것은 성공하면 행복이 곧 뒤따라올 것이라고 생각하기 때문이다. 권력과 영향력, 인기, 많은 돈을 소유하면 행복한 삶을 살 수 있다고 여긴다. 그래서 성공의 기준을 명확히 해야 한다. 성공의 기준이 명확해야 행복한 삶을 살아갈 수 있다.

태도의 힘

그런 의미에서 앞서 소개한 『탈무드』 이야기가 중요하다. 행복한 남자는 뭔가를 소유하고 있지 않았다. 벌거숭이였지만 그 남자는 "행복하다."라고 말한다. 그러면서 덧붙인 말이 의미심장하다. "만약 나에게 셔츠가 있었다면 나는 행복하지 않았을 것입니다."라고 말이다. 뭔가를 소유하는 것에 인생의 의미를 두었다면 행복한 삶을 살 수 없었을 것이라는 의미다. 그렇다. 행복은 뭔가를 소유하고 영향력과 인기에 있지 않다.

　그럼 어떤 사람들을 성공했다고 이야기할 수 있을까. 자신이 하고 싶은 일을 하면서 다른 누군가에게도 도움을 주거나, 평범한 일을 하더라도 가족의 사랑과 존경을 받으며, 직업의 귀천에 상관없이 이웃과 주변에게 선한 영향을 주고, 자신이 지키는 원칙을 끝까지 지키며 누군가를 돕고, 누군가의 삶에 힘이 되어주고 소망과 희망을 심어주는 사람이라면 성공한 사람이라 할 수 있다.

　나아가 그의 성공을 이야기할 때 모두가 기뻐해주고 박수를 보내줘야 한다. 자신은 성공했다고 자부하는데 옆에서 보는 사람이 눈살을 찌푸린다면 진정 성공했다고 보기 힘들다. 특히 가족의 인정을 받아야 한다. 사회에서는 인정받고 존경을 받는데 가정에서는 존경과 인정을 받지 못하면 성공했다고 볼 수 없다. 어느 곳에서든지 한결같은 성품을 보여야 한다. 이런 의미를 잘 나타내는 이야기로 생각의 깊이를 더해보자.

깊은 산중에 숨어 지내는 랍비가 있었다. 그의 훌륭함은 명성이 자자할 정도로 나라에 소문이 났다. 고결한 행실과 친절하고 자애심이 두터운 인격은 모든 사람으로부터 존경을 받았다.

그는 늘 세심한 주의력으로 한 마리의 개미도 밟지 않도록 조심해서 걸었다. 자연의 그 어떤 피조물에도 피해를 주지 않으려 신중하게 생활했다. 제자들도 물론 그를 대단히 존경하고 있었다.

80세가 지나자 그의 육체는 점점 쇠약해져 갔다. 그도 그 사실을 깨달았다. 자신의 죽음이 가까워지고 있음을 안 것이다. 제자들이 그의 머리맡에 모이자 그가 울기 시작했다. 제자들은 깜짝 놀랐다.

"선생님 왜 우십니까? 선생님께서는 공부를 않거나 제자들을 가르치지 않은 날이 단 하루도 없었습니다. 또한 늘 자선을 베푸셨고, 이 나라에서 가장 존경받고 계십니다. 더구나 정치 같은 더러운 세계에는 단 한 번도 발을 들여놓으신 적도 없으십니다. 선생님께서는 우실 이유가 없는 것 같은데 어찌하여 슬피 우시는지요?"

제자들의 말에 그는 이렇게 대답했다.

"그래서 나는 울고 있다네. 죽는 순간 내 자신에게 '그대는 공부를 했는가?', '그대는 자비를 베풀었는가?', '그대는 옳

태도의 힘

은 행실을 했는가?'하고 묻는다면, 나는 전부 '그렇다'라고 대답할 수 있네. 하지만 '그대는 인간의 일반적인 생활에 참가했는가?'하고 묻는다면 나는 '아니오.'라고 대답할 수밖에 없네. 그래서 나는 울고 있다네."

그럼 어떤 삶이 성공적으로 살았다고 볼 수 있을까? 그 의미는 랄프 왈도 에머슨의 '무엇인 성공인가'를 통해 살펴보면 이해가 쉽다.

무엇이 성공인가
-랄프 왈도 에머슨Ralph Waldo Emerson

자주, 그리고 많이 웃는 것
현명한 이에게 존경을 받고 아이들에게 사랑을 받는 것
정직한 비평가의 찬사를 듣고 친구의 배반을 참아내는 것
아름다움을 식별할 줄 알며
다른 사람에게서 최선의 것을 발견하는 것

건강한 아이를 낳든 한 뙈기의 정원을 가꾸든
사회 환경을 개선하든 자기가 태어나기 전보다
세상을 조금이라도 살기 좋은 곳으로

만들어놓고 떠나는 것

자신이 한때 이곳에 살았음으로 해서

단 한 사람의 인생이라도 행복해지는 것

이것이 진정한 성공이다

에머슨이 시에서 이야기하는 전반부는 삶의 태도를 이야기한
다. 내면을 바르고 건강하게 가꾸고 타인과 더불어 살아가는 역량
을 품고 있는 것을 말한다. 나아가 자기가 태어나기 전보다 세상을
조금이라도 살기 좋은 곳으로 만들어놓고, 자신 때문에 단 한 사람
의 인생이라도 행복해지는 것이 성공이라고 정의한다. 일상생활의
성실함으로 주변 사람들의 삶을 행복하게 해주는 것이 결국 성공
적인 삶이다.

✡ 어떻게 해야 성공의 정의를 올바로 세울 수 있을까?

첫째, 진짜 행복이 무엇인지 아는 것이다. 성공의 정의는 무엇을
행복으로 여기는지에 따라 달라진다. 그러므로 행복한 삶이란 무
엇인지를 생각해보는 것이 중요하다. 행복은 단순히 뭔가를 소유
하는데 있지 않다. 또한 남들에게 보이는 것으로 결정되지도 않는
다. 행복은 관계 안에서 형성된다. 가족과 이웃과 아름다운 관계를
맺어갈 때 행복은 완성된다. 그러니 너무 부자가 되기 위해 오늘을

태도의 힘

희생하지 말아야 한다. 그 의미를 유대 격언에서는 이렇게 전하고 있다.

> 돈은 유능한 하인이다. 돈의 주인이 되어라. 돈의 노예가 되어서는 안 된다. 돈은 주인이 되면 횡포하기 짝이 없다.

돈은 아름다운 관계를 맺는 필요한 수단에 불과하다. 자기가 살았던 곳을 보다 살기 좋은 곳으로, 다른 누군가의 인생을 행복하도록 돕기 위한 도구이다. 도구가 주인이 되면 횡포를 부린다.

둘째, 무엇이 의미 있는 일인지 성찰해보는 것도 필요하다. 인간은 자신이 하는 일에 대한 의미 부여로 행복과 성공을 결정한다. 자기 존재의 의미를 찾으면 삶이 달라진다. 사람은 자신이 이 세상에 왜 태어났으며 무엇을 추구하며 살아야 하는지를 발견해야 한다. 니체는 "왜 살아야 하는지 아는 사람은 어떤 상황도 견딜 수 있다."고 말한다. 인생의 의미를 찾으면 어떤 상황도 보다 현명하게 헤쳐 나갈 수 있다는 것이다. 도스토예프스키는 "나는 나의 고통이

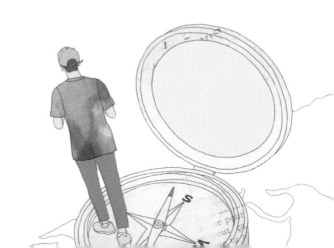

가치가 인생의 나침반이다

의미 없어질 때가 가장 두렵다."라고 했다. 지금 힘겨운 청소년기를 보내고 있는 의미를 찾지 못하면 자기 삶을 망가뜨리는 고통이 되고 만다는 것이다. 자신의 꿈과 지금 하고 있는 일에 대한 의미를 발견해야 바람직한 삶의 태도를 형성할 수 있다.

태도의 힘

오늘의 실천 노트

● 다음 빈 칸에 자신의 생각을 채워 넣으세요.

나는 성공적인 삶을 _____ 이라고 생각한다.

왜냐하면 _____ 이기 때문이다.

● 위와 같은 가치로 평생을 살면 가족과 주변 사람들은 어떤 평가를 내릴

것 같나요?

내가 가장 중요하게
여기는 것은 무엇인가

,

한 마을에 가문이 좋은 여우와 천한 집안의 여우가 살고 있었다. 그들은 어느 날 우연히 길에서 만났다.

가문이 좋은 여우가 다른 여우에게 자기 집안 자랑을 했다. 그러자 다른 여우가 이렇게 말했다.

"너의 집안은 너 하나로 끝나지만, 우리 집안은 나로부터 시작된다네. 나는 살아가는 방법이 중요하다는 것을 알고 있기 때문이네."

성공을 정의하려면 가치에 대한 점검이 필요하다. 성공은 가치와 밀접하게 연결되어 있기 때문이다. 가치는 '어떤 사물·현상·행위 등이 인간에게 의미 있고 바람직한 것임을 나타내는 개념'을

태도의 힘

말한다. '어떤 것이 좋다는 개인적인 확신으로 무엇을 결정하거나 판단할 때에 환경을 초월하여 사용되어지는 것'을 뜻하기도 한다.

즉, 어떤 덕목을 더 중요하게 여기고 값어치를 매기느냐의 이야기다. 옳다고 여기는 기준이 되는 것이므로 삶의 우선순위를 정하는데 결정적인 역할을 한다. 가치의 중요성을 조지프 우드 크러치는 이렇게 말한다. "하나의 가치가 생겨날 때마다 우리 존재는 새로운 의미 하나를 갖게 된다. 어느 한 가치가 사라질 때마다 우리의 의미 한 부분이 사라진다."

위 예화는 가치의 중요성을 이야기한다. 가문이 좋은 여우는 삶의 태도와 가치에 대해 관심이 없었다. 현재 가문의 위대함만을 자랑하고 있다. 그러나 천한 집안의 여우는 현재의 삶보다 더 중요한 것이 무엇인지 알았다. 살아가는 방법, 즉 가치가 중요하다는 것을 알고 있다. 그것이 인생을 좌우한다고 말이다.

가치에는 목적으로 추구하는 '목적 가치'와 도구로 추구하는 '수단 가치'가 있다. 목적 가치는 평등, 사회 정의, 평화처럼 그 자체가 목적이 되는 가치를 말한다. 수단 가치는 이런 목적을 추구하는데 도구가 되는 가치를 의미한다.

많은 사람들이 돈을 벌려고 노력한다. 열심히 공부하고 노력하는 것도 돈과 관련이 있다. 그런데 돈을 목적으로 삼느냐 수단으로 삼느냐에 따라 삶의 방향이 달라진다. 돈은 목적이 될 수도 있고, 수단이 될 수도 있다. 그 의미를 잘 이해하도록 돕는 이야기가 있다.

어느 날 제자가 랍비에게 물었다.

"선생님, 돈이란 무엇입니까?"

"돈은 사람을 축복해주는 고마운 것이지."

랍비의 대답에 제자는 깜짝 놀라 되물었다.

"네에? 다른 선생님들은 한결같이 돈은 악이라고 하셨습니다. 그런데 선생님은 왜 사람을 축복해주는 고마운 것이라고 하십니까?"

"돈을 술 마시는 데만 쓰면 그 사람은 술주정뱅이가 된다네. 돈을 끌어 모아 창고에만 쌓아두면 노랑이가 되지. 하지만 배고프고 가난한 사람들을 위해 돈을 쓰는 사람을 우리는 '선행자'라고 하지 않는가? 선행자는 정당한 일을 해서 번 돈으로 좋은 일에 돈을 쓰는 사람이네. 그래서 옳게 돈을 벌었다면 그 돈은 튼튼한 요새이고, 옳지 않게 돈을 벌었다면 그 돈은 허물어진 집과 같으니 말일세."

위 이야기는 돈을 목적으로 삼는 것과 수단으로 삼는 것을 잘 설명하고 있다. 어떤 것에 가치를 부여해야 하는지는 말하지 않아도 누구나 알 수 있다.

목적 가치는 그것을 이루었을 때 자신뿐만 아니라 주변 사람들에게 선한 영향을 준다. 더불어 살아가는 아름다운 공동체를 만들 수 있다. 그러나 수단 가치를 목표로 삼으면 훗날 후회하는 경우가

태도의 힘

많다. '내가 고작 이런 것을 위해 인생을 바쳤느냐?'고 스스로에게 질문하게 된다. 삶의 목표를 이루었지만 행복하지 않다는 의미이다. 가치는 성공과 행복을 좌우하는 중요한 잣대가 된다. 그 의미를 알게 해주는 이야기도 『탈무드』에서 전하고 있다.

여우 한 마리가 포도밭 둘레를 돌며 입맛을 다셨다. 어떻게든 안으로 들어가려고 골똘히 궁리하고 있었다. 울타리가 너무 촘촘해서 드나들기가 곤란했기 때문이다.

결국 여우는 사흘을 굶어 몸을 홀쭉하게 만든 뒤 울타리 사이를 비집고 들어갔다. 포도밭에 들어간 여우는 포도를 마음껏 먹었다.

그런 다음 포도밭에서 나오려 했으나 배가 불러 울타리 사이로 빠져 나올 수가 없었다. 여우는 할 수 없이 또다시 사흘을 단식했다. 배가 홀쭉해지도록 살을 뺀 후 여우는 포도밭을 빠져 나왔다. 여우는 혼자 중얼거렸다.

"들어갈 때나 나올 때나 결국 배고픈 건 마찬가지로군."

인생도 이와 마찬가지다. 사람은 누구나 벌거숭이로 태어나 결국 벌거숭이로 돌아간다.

여우는 우리 인간을 의미한다. 포도밭은 우리가 이 세상에서 추구하는 것들이다. 돈, 명예, 권력, 인기 등을 말한다. 포도밭으로 들어가는 작은 구멍은 원하는 것을 얻는 것이 얼마나 어려운 것인지를 이야기한다. 우리가 살면서 추구하는 것을 얻으면 행복하게 살아갈 수 있다는 것이다. 그러나 인생을 마감해야 할 때가 되면 모든 것을 두고 빈손으로 가야 한다. 그런데도 우리는 포도밭 안에 있는 것에 목숨을 건다. 그것이 자기 삶에 어떤 영향을 끼칠 것인지 깊이 고민해보지 않고서 말이다. 그래서 가치에 대한 점검이 중요하다. 가치는 포도밭 안에 있는 것이 자기 삶에 어떤 영향을 끼치는지 미리 살펴보는 과정이다.

시카고 대학은 노벨상 왕국으로 불린다. 하지만 처음부터 시카고 대학이 명문 대학이었던 것은 아니다. 명문대를 선택한 후에야 지원하는 이른바 삼류 대학이었다. 후순위에 밀려 있던 시카고 대학이 명문 대학으로 발돋움한 계기가 있다. 바로 1929년 취임한 5대 총장 로버트 허친스 때문이었다. 그는 대학을 발전시키기 위해 해결방법을 제시한다. '시카고 플랜Chicago Plan'이라는 교육정책이었다. 시카고 플랜은 철학 고전을 비롯한 세계의 위대한 고전 100권을 달달 외울 정도로 읽히는 정책이었다. 그 정책을 펼치며 중점을 둔 것은 다음 세 가지였다.

첫째, 역할 모델을 발견하라.
둘째, 인생의 모토가 될 수 있는 영원불변한 가치를 발견하라.
셋째, 발견한 가치의 토대 위에 꿈과 비전을 품어라.

태도의 힘

학생들은 고전 읽기를 통해 삶을 지탱해줄 가치를 발견해야만 했다. 그 가치 위에 자신의 꿈과 비전을 찾고 디자인했다. 더불어 살아가는데 필요한 역량을 키우고 그 가치를 실현하기 위해 힘썼다. 그렇게 훈련 받은 학생들이 사회에 나가 인류에 공헌하는 결과물들을 만들어내기 시작했다. 그 결과 2000년까지 시카고 대학 졸업생들은 73개의 노벨상을 받았다. 그들이 품은 가치는 모두에게 도움을 주는 가치였다.

우리는 수많은 선택을 마주하며 살아간다. 독서를 먼저 할 것인지, 학과 공부를 먼저 할 것인지. 자신의 꿈을 찾고 그것을 이루는데 시간을 투자할 것인지, 먼저 성적을 올리고 명문대를 진학한 후에 자신이 원하는 것을 찾아볼 것인지. 수단과 방법을 가리지 않고 성적을 올릴 것인지, 정직한 방법으로 자신의 능력에 합당한 결과를 받아들일 것인지. 누군가의 도움으로 학생부를 멋지고 그럴듯하게 꾸밀 것인지, 자신이 투자하고 노력한 만큼의 성과물로 채울 것인지 등등.

다양한 선택의 기로에서 보다 의미 있고 바람직한 선택을 할 수 있는 기준은 자신이 품고 있는 가치에 의해 결정

된다. 인생의 성공과 행복은 지금 품고 있는 가치의 영향을 받는다. 그러므로 지금 품고 있는 가치를 점검하고 어떤 유혹과 흔들림에도 넘어지지 않을 바람직한 가치를 찾아야 한다. 그 가치가 바로 자신의 미래를 결정하기 때문이다.

✡ 어떻게 인생을 좌우하는 가치를 발견할 수 있을까?

인생을 좌우하는 가치 발견은 다음 이야기로 실마리를 찾을 수 있다. 바로 미국의 건국 아버지이자 독립선언서를 기초한 벤저민 프랭클린 이야기다. 그는 성숙하지 못한 자기 삶을 살피며 삶의 중심을 잡아줄 덕목이 필요함을 느꼈다. 마음속 신념만으로는 성숙한 삶을 살지 못한다는 것을 알았기 때문이다. 그래서 완벽한 인격체를 이루기 위한 덕목과 규율을 정한다. 그 13가지는 다음과 같다.

벤저민 프랭클린의 13가지 덕목과 거기에 따른 규율
1. **절제** 과음과 과식을 하지 않는다.
2. **과묵** 자기나 남에게 유익하지 않는 불필요한 말을 하지 않는다.
3. **질서** 모든 것을 제자리에 두고 주어진 일을 제때에 한다.
4. **결단** 할 일은 꼭 하겠다고 결심하고 반드시 실천한다.
5. **검약** 자기나 남에게 도움이 안 되는 일에 돈을 낭비하지 않는다.

6. **근면** 시간을 헛되이 보내지 않고 항상 유익한 일을 한다.

7. **진실** 남을 속이지 않으며 순수하고 정당하게 생각하고 말한다.

8. **정의** 다른 사람에게 손해를 입히지 않고 상처를 주지 않는다.

9. **중용** 극단적인 것을 피한다.

10. **청결** 신체, 의복, 주택에 불결한 흔적을 남기지 않는다.

11. **침착** 사소한 일이나 어쩔 수 없는 일에도 침착함을 잃지 않는다.

12. **순결** 건강과 자손을 위해서만 잠자리를 한다.

13. **겸손** 예수와 소크라테스를 본받는다.

그가 정한 13가지는 삶의 중심이 되는 가치였다. 그는 자신이 세운 가치를 스스로 실천하면서 살았다. 무려 50년이나 그 가치가 인격이 되도록 힘썼다. 평소 급한 성격의 소유자였지만 13가지 가치를 습득한 후에야 진정한 리더로 거듭날 수 있었다.

우리나라에서는 이이가 있다. 율곡 이이는 스무 살에 자경문을 만든다. 자경문은 '스스로 경계하는 글'이다. 즉 자신과 약속을 지키며 올바른 삶을 살겠다는 다짐이다. 이이의 자경문은 다음과 같다.

율곡 이이의 자경문

1. 목표를 크게 가지고 훌륭한 사람이 되기 위해 노력한다.

2. 말을 적게 한다.

3. 마음을 안정되게 한다.

4. 혼자 있을 때에도 몸가짐이나 언행을 조심한다.

5. 옳고 그름을 알기 위하여 독서를 한다.

6. 재물과 명예에 관한 욕심을 경계한다.

7. 해야 할 일에는 정성을 다하고, 하지 말아야 할 일은 단호히 끊는다.

8. 정의롭지 않은 일은 절대 하지 않는다는 마음을 가진다.

9. 누군가 나를 해치려고 한다면 나 자신을 돌이켜보고 그의 마음을 감동시킨다.

10. 밤에 잘 때나 병이 든 때가 아니면 절대로 눕지 않는다.

11. 공부를 게을리하거나 서두르지 않는다. 공부는 평생 꾸준히 하는 것이다.

율곡 이이도 자기 삶의 중심을 잡아줄 가치를 설정하고 의미 있는 인생을 살았다. 위 두 사람의 가치 덕목을 참고하여 자기 삶의 중심을 잡아줄 가치 덕목을 만들면 된다. 가치 목록을 만들 때는 내가 생각한 가치에 따라 그것을 통해 이루거나 하고 싶거나 해야 할 일들의 구체적인 행위까지 함께 적으면 좋다.

예 ─────

헌신 가난하고 배우지 못한 아이들을 위해 평생 헌신 봉사하는

태도의 힘

삶을 살 것이다.

책임감 내가 맡은 일과 해야 하는 일은 최선을 다해 완수하겠다.

정직 어떠한 경우라도 나 자신과 다른 사람을 속이는 일은 하지 않을 것이다.

지혜 탁월한 지적 능력을 겸비하여 많은 사람들의 가치관과 비전을 설계하는 데 도움을 줄 것이다.

다음은 가치를 발견하는데 도움이 될 만한 가치 목록이다. 가치 목록을 적고 그것을 통해 해야 하는 목적과 당위성, 삶의 목표와 이유도 함께 적어 보자.

사랑, 자유, 친밀감, 안정감, 모험, 편안함, 건강, 열정, 행복, 자유, 헌신, 봉사, 창조, 발전, 즐거움, 능력, 탁월성, 배움과 성장, 지성, 쾌활함, 정직, 성실, 종교적 가치, 긍정적 태도, 인내, 절제, 끈기, 정의, 순결, 침착, 중용, 근면, 검약, 과묵, 겸손, 책임감, 신뢰성 등

가치 목록을 적을 때 고려해야 할 사항이 몇 가지 있다.

첫째, 도덕적이고 윤리적이며 보편적인 가치여야 한다. 이 가치에 따라 인생을 살아가고 모든 사람에게 유익이 될 만한 가치인가를 살펴야 한다.

둘째, 하고 싶고 되고 싶고 갖고 싶은 것을 적을 때는 내가 이 사회에 공헌하고 싶은 것은 무엇인지에 대하여 한 번 더 생각하고 적도록 한다. 나 혼자만의 이익을 위한 것이라면 가치로서의 의미가 상실된 것이나 다름없다.

셋째, 내 삶의 가치가 세월이 흘러도 선한 영향을 끼칠 수 있는 가치인지 점검하면서 가치 목록을 만들어간다.

태도의 힘

오늘의 실천 노트

● 나만의 가치 덕목을 만들어 보세요.

_____의 가치 목록

1.

2.

3.

4.

5.

6.

7.

책임을 완수하는
능력을 키워라

군사령관이 집에서 쉬고 있는데 연락병이 급하게 찾아왔다.
연락병은 적에게 요새를 빼앗겼다는 보고를 했다.
보고를 받은 사령관의 표정이 한순간에 굳어졌다. 그 모습
을 보고 있던 부인이 사령관을 조용히 불러 말했다.
"저는 요새를 빼앗긴 것보다 더 나쁜 일을 당했습니다."
부인의 의도를 읽지 못한 사령관이 궁금해서 물었다.
"그게 무슨 말이오?"
부인은 조용히 그 뜻을 설명했다.
"저는 당신의 표정을 보고 당황한 것을 읽었습니다. 잃어버
린 요새는 다시 빼앗을 수 있지만 사령관이 잃은 용기는 군
대 전부를 잃는 것보다 더 나쁜 것입니다."

청소년들의 삶의 태도를 평가할 때는 표현한 행동으로 판단한다. 겉으로 드러난 행동을 평가하는 기준은 대부분 자신이 꼭 해야 할 일을 제대로 해내고 있는가이다. 한마디로 '책임감 있는 삶을 살아가고 있는가'로 바람직한 삶의 태도를 품고 있는지 아닌지를 결정한다.

위 예화는 그 의미를 잘 이야기해주고 있다. 사령관은 요새를 잃었다는 소식에 표정 관리를 못했다. 그 표정을 자신의 군대가 보았다면 이미 전쟁은 진 것이나 다름없다. 지혜로운 부인은 그것을 간파하고 사령관을 조용히 불러 조언을 해준 것이다.

책임은 바람직한 삶의 태도를 품는데 매우 중요한 역할을 한다. 특히 자신의 비전을 이루어가는데 없어서는 안 될 핵심 요소다. 자신이 이루며 살아가야 할 궁극적인 목표가 무엇인지 알고 그것을 완수하며 살아가야 하는 태도이기 때문이다. 단순히 어떤 직업인이 되는 것을 의미하지 않는 것이다. 그 직업인이 되어 그 직업의 윤리를 지키고 맡은 바 책임을 완수하며 살아가야 하는 것을 말한다. 그 의미를 다음 이야기를 통해 더 깊이 생각해 보자.

작은 보트를 가진 한 사나이가 있었다. 그는 해마다 여름철이면 보트에 가족을 태우고 호수로 가서 낚시를 즐겼다. 어느 해 여름이 끝나자 그는 배를 보관해 두려고 땅 위로 끌어올렸는데 배 밑에 작은 구멍이 하나 뚫려 있었다. 아주 작

은 구멍이었다. 그는 어차피 겨울 동안은 배를 육지에 놓아
둘 것이므로 내년 봄에나 수리해야겠다고 생각하고 그대로
내버려두었다. 그리고 겨울이 오자 그는 페인트공을 시켜서
보트에 페인트를 새로 칠하게 했다.

이듬해 봄은 유난히 일찍 찾아왔다. 그의 두 아들은 빨리 보
트를 타고 싶다며 성화를 부렸다. 그는 보트에 구멍이 뚫린
것을 까마득히 잊어버리고 아이들에게 보트를 타도록 승낙
했다. 그로부터 두 시간이 지난 후에 그는 배 밑에 구멍이
뚫려 있었다는 기억이 번개처럼 떠올랐다. 아이들은 아직
수영에 익숙하지 못했다.

그는 누군가에게 구원을 청할 생각으로 급히 호수로 달려갔
다. 그런데 그때 두 아들은 배를 끌고 돌아오고 있었다. 그
는 안도의 한숨을 내쉬며 두 아들을 포옹한 다음 배를 살펴
보았다. 그런데 누군가가 배의 구멍을 막아 놓았던 것이다.
그는 페인트공이 배를 칠할 때, 그 구멍까지 고쳐준 것이라
고 생각하고 선물을 들고 그를 찾아갔다. 페인트공이 놀라
며 말했다.

"제가 배에 칠을 했을 때 대금은 지불해주셨는데 왜 이런
선물을 주십니까?"

"배에 작은 구멍이 뚫려 있었는데, 당신이 페인트칠을 하면
서 발견하고 막아주셨지요. 올여름에 그것을 고쳐서 사용할

태도의 힘

생각이었는데 깜빡 잊어먹었답니다. 당신은 내가 그 구멍을 수리해달라는 부탁도 하지 않았는데 깨끗이 수리를 해주었소. 당신은 불과 몇 분 안에 그 구멍을 막았겠지만, 덕분에 우리 아이들의 생명을 구해주셨소."

페인트공은 보트에 페인트를 칠해달라는 부탁을 받았다. 그는 보트에 페인트를 칠하다 구멍을 발견했다. 구멍을 막는 일을 페인트공이 꼭 하지 않아도 될 일이라고 생각할 수 있다. 그러나 페인트를 칠하는 목적에 대해 생각해보면 구멍을 막아주는 것도 페인트공의 임무라고 할 수 있다. 배에 페인트를 칠하는 목적은 배를 오랫동안 타기 위함이다. 녹이 슬어 배가 파손될 것을 미리 대비하는 행위다. 안전하게 배를 타기 위해 페인트를 칠하는 것이므로 작은 구멍을 발견했다면 그 구멍을 수리하는 것도 페인트공의 임무라고 볼 수 있다. 자신이 구멍을 막을 능력이 없으면 주인에게 말하면 되고, 자신의 힘으로 해낼 수 있다면 구멍을 막고 페인트를 칠하는 것이 맞다. 페인트공은 자신에게 주어진 책임을 다한 것이다. 책임은 자신이 해야 할 일이 무엇인지 알고, 그 일을 끝까지 맡아서 수행하는 태도이기 때문이다.

책임은 자신의 꿈을 이루어가는데 매우 중요한 역할을 담당한다. 개성을 살펴 자신만의 비전을 설계하고 용기를 품고 도전해도 자신과 주변 사람들이 각자 자리에서 책임을 다하지 않으면 꿈은 이루어지지 않는다. 일찍이 공자도 『논어』에서 맡은 바 책임의 중요성을 강조했다. '군군신신부부자자君君臣臣父父子子, 즉 임금은 임금답고 신하는 신하다우며, 아버지는 아버지답고 아들은 아들다워야 한다는 것이다. 「안연」 편에 나오는 말인데 각자에게 주어진 책임을 다할 때 나라가 안정을 되찾을 수 있다고 했다. 꿈을 이루어가는 것도 다르지 않다. 부모는 부모의 역할에 책임 있게 행동하고, 학생은 학생으로서 해야 할 일에 책임 있게 행동하면 된다. 각자의 자리에서 맡은 바 책임을 다할 때 꿈의 항해는 성공적으로 이루어진다.

✡ 어떻게 책임 있는 행동을 하며 살 수 있을까?

첫째, 자신이 지금 해야 할 일이 무엇인지 아는 것이다. 책임을 다하려면 자신에게 주어진 임무를 알아야 한다. 무엇을 해야 하는지도 모른 채 최선을 다할 수는 없다. 자신의 꿈을 이루기 위해 지금 꼭 해야 할 일을 아는 것과 같은 이치다. 꿈이라는 큰 그림을 그리고 현재 위치한 자리에서 어떤 밑그림을 그리고 색칠을 해야 하는지 알아야 한다. 그래야 멋진 인생의 그림을 완성해갈 수 있다. 자신이 꼭 해야 할 일을 책임감 있게 완수하지 않으면 인생의 그림은 미완성으로 끝나고 만다. 그러니 자기 삶을 살펴 지금 해야 할 일이 무엇인지 아는 지혜가 필요하다.

둘째, 자신이 해야 할 일에 최선을 다하는 것이다. 꼭 해야 할 일을 하다 보면 뜻대로 일이 진행되지 않을 때도 있다. 원하는 방향대로 풀리지 않는 경우도 많다. 그럴 때마다 포기하기보다 최선을 다해야 한다. 최선을 다하다 보면 새로운 방법이 보이기 마련이다.

목적지에 도달하는 방법은 다양하다. 자신이 가고자 하는 길만이 존재하는 것은 아니다. 자신이 알지 못했던 길도 있다. 그 길을 포기하지 않고 최선을 다하다 보면 보이기 시작한다. 더 효과적인 방법들이 나타날 수 있다. 그러니 포기보다 최선을 선택해야 한다. 변명보다 최선이다. 하고 싶은 일에는 방법이 보이고 하기 싫은 일에는 핑계가 보인다.

오늘의 실천 노트

● 나의 꿈은 _____ 이다.

● 그 꿈을 이루기 위해 책임을 다해야 할 것은 무엇인가?

● 그 책임을 다 하지 않았을 때 당하는 불이익은 무엇인가?

● 그 책임을 다했을 때 얻는 유익은 무엇인가?

태도의 힘

정직하면 떳떳하고
당당하게 살 수 있다

나무꾼은 날마다 산에서 나무를 져다가 먼 장터에 갖다 팔았다. 그런데 어느 날 늘 지게에 지고 먼 거리를 걸어 다니자니 너무 시간이 많이 걸린다는 생각이 들었다. 그래서 장터의 상인에게서 당나귀 한 마리를 사왔다. 그리고는 당나귀를 깨끗이 씻기려고 냇가로 끌고 갔다. 당나귀를 씻기던 중 갈기에서 큰 다이아몬드 한 개가 떨어졌다. 나무꾼은 다이아몬드를 들고 장터의 상인에게 달려가 돌려주었다. 그러자 상인이 말했다.

"당신이 그 당나귀를 샀고, 다이아몬드는 그 당나귀에 붙어 있었으니 굳이 돌려줄 필요가 있나요?"

"아니오. 나는 당나귀를 산 일은 있어도 다이아몬드를 산 적은 없소. 내가 산 물건만 갖는 것이 정당한 일이오."

우리는 어린 시절부터 정직하게 살아야 한다는 말을 수없이 듣고 자란다. 거짓말을 하다 들키는 날에는 혼쭐이 나기 일쑤였다. 정직하게 살아야 결국은 행복하게 살 수 있기에 귀에 못이 박히도록 들은 것이다.

그런데 학년이 올라가면 갈수록 정직하게 사는 일은 쉽지 않다는 것을 알게 된다. 지나친 경쟁 속에서 살아남으려면 때로는 거짓말을 해야 한다는 것을 현실에서 느낀다. 혼자만 정직하게 행동하면 왠지 모르게 손해 보는 것 같다. 정직하게 살면 경쟁에서 뒤처지고 좋은 결과를 만들어낼 수 없다고 생각한다. 그래서 슬그머니 잘못된 선택에 동참하게 되는 경우가 많다.

한순간의 거짓된 행동으로 원하는 목표를 달성할 수는 있다. 그러나 정직하지 않으면 언젠가는 들통이 나고 삶을 망치게 된다. 고위공직자를 등용하는 인사청문회를 보면 알 수 있다. 명문대를 나오고 사회 지도층을 지낸 사람들이 깔끔하게 인사청문회를 통과한 경우가 별로 없다. 정직하지 못한 과거의 삶이 낱낱이 파헤쳐져 국민에게 알려지기 때문이다. 청문위원들은 학창 시절까지 돋보기를 들이대 거짓된 행동을 찾아내며 사람 됨됨이를 검증한다. '차라리 인사청문회에 나오지 않았으면 좋았을 텐데'라는 생각이 드는 인사도 있다. 그럴듯한 자리에 오르려다 한순간에 추락하게 되는 것이 정직의 덕목이다.

인간관계의 핵심은 신뢰다. 신뢰의 바탕 아래 서로 관계를 맺으며 산다. 관계 속에서 신뢰를 얻는 최고의 방법은 항상 정직하게 행동하는 것이다. 그 의미를 위 예화에서 찾을 수 있다. 당나귀를 산 나무꾼은 당나귀 속에 있던 다이아몬드를 돌려주었다. 모른 채하고 자신이 가졌으면 한순간에 많은 돈을 손에 쥘 수도 있었다. 그러나 나무꾼은 다이아몬드를 돌려주었다. 정직한 행동을 선택한 것이다. 나무꾼은 큰돈은 손에 쥐지 못했지만 결국에는 더 많은 돈을 벌었을 것이다. 그 소문이 입에서 입으로 전해져 마을 곳곳에 퍼졌을 것이고 나무꾼은 신뢰를 얻었을 것이 분명하다. 당연히 나무도 잘 팔렸을 것이다.

존 워너메이커는 백화점 왕으로 불린다. 그는 의류점을 창업하면서 새로운 비즈니스를 꿈꾸었다. 고객의 권리를 먼저 생각하는 비즈니스 원칙이다. 그가 정한 비즈니스 4가지 원칙은 아래와 같다.

1. 정가 판매를 실시한다.

2. 상품에 품질 표시를 하여 소비자의 알 권리를 돕는다.

3. 반드시 현금 거래를 한다.

4. 구입자가 원하면 언제라도 반품, 교환할 수 있다.

당시 의류업계에서는 상품에 가격을 표시하지 않는 것이 일반적이었다. 거래 유통이 문란해 물건을 사고파는 사람들이 서로 믿지 못하는 시대이기도 했다. 주인은 손님이 오면 마음대로 가격을 정해 팔았다. 고객들은 주인을 믿지 못해 주인이 부른 값을 제대로 지불하지 않았고 늘 가격 흥정을 했다.

워너메이커는 이러한 것을 정직하지 못한 행동이라고 여겼다. 그래서 서로 신뢰하고 물건을 구입할 수 있도록 '정가판매제도(정찰제)'를 도입했다. 더욱 파격적인 것은 구입한 물건이 마음에 들지 않으면 100퍼센트 환불해주는 것이었다. 당시에는 물건을 한번 샀으면 그것으로 끝났다. 절대로 물건을 교환해주거나 반품을 해주지 않았다. 그런데도 그는 정직한 비즈니스 원칙으로 정당하지 않은 것들을 개선해 나갔다. 정직하게 상점을 운영하면 손해를 볼 것이라는 주변 사람들의 걱정에도 불구하고 그는 원칙을 지켜 나갔다. 손님들은 그의 정직한 비즈니스 원칙을 신뢰하기 시작했다. 신뢰를 회복한 작은 상점은 점점 성장하여 백화점을 짓는 발판이 되었다.

정직하지 않으면 당장은 이익을 얻을 수 있다. 하지만 그것이 들통나는 날에는 신뢰가 무너진다. 당연히 관계도 깨진다. 무슨 말을 해도 믿어주지 않게 된다. 『탈무드』에서는 그 의미를 이렇게 전하고 있다.

거짓말쟁이에게 주어지는 최대의 벌은 그가 진실을 말했을 때도 사람들이 믿어주지 않는다는 것이다.

태도의 힘

정직하지 못하면 서로를 믿지 못하고 무슨 일을 하든지 의심의 눈초리로 바라본다. 유대인들은 다양한 이야기로 정직한 성품을 갖도록 유도했는데 유머를 통해서도 가르침을 준다.

맹인과 절름발이 거지가 유대인 소작농에게 가서 배가 고프다고 말했다. 농부는 그들 앞에 커다란 딸기를 한 그릇 내놓으며 먹으라고 했다. 맹인 거지는 친구가 자기를 자꾸 속이는 것 같은 마음이 들었다. 눈으로 확인할 수 없기 때문에 더욱 그러했다. 그래서 말했다.

"내가 하나를 집고 자네도 하나를 집도록 하세. 차례차례 먹자는 말일세."

절름발이 거지도 동의했다. 두 친구는 딸기를 먹기 시작했다. 몇 분이 지났다. 두 친구는 딸기를 먹는데 너무 열중하다 보니 말이 없었다. 그러다가 잠시 후 갑자기 맹인 거지가 절름발이의 목발을 잡으며 말했다.

"이 거짓말쟁이 도둑놈아!"

절름발이 거지는 화를 내면서 물었다.

"무슨 소리야?"

"이 나쁜 사람아! 너는 약속을 어기고 있잖아? 나는 딸기를 한꺼번에 두 개씩 먹고 있는데, 너는 한꺼번에 네 개씩 먹고 있잖아?"

절름발이는 놀란 표정으로 물었다.

"도대체 너는 내가 네 개씩 먹는지 어떻게 알았어?"

맹인 거지가 쏘아붙였다.

"내가 왜 모르겠어? 5분 동안 내가 한꺼번에 두 개씩 먹는데도 네가 나를 욕하지 않는 것을 보면 너는 나를 속이고 있는 게 분명하지!"

거짓을 일삼게 되면 서로를 믿지 못하고 먹는 것조차 마음대로 먹지 못한다. 늘 불안 속에서 살아야 한다. 그러면 내면이 바르고 건강해질 수 없다. 더불어 살아가는 사회도 만들지 못하게 된다.

정직의 덕목은 선택 사항이 아니다. 상황을 모면하는 도구도 아니다. 어떤 상황에서도 마음에 거짓이나 꾸밈없이 바르게 행동하고 표현해야 하는 필수적인 요소다. 정직은 손해를 보는 것이 아니라 자신을 돕는 최고의 선택이다. 벤저민 프랭클린의 말을 되새기면 정직의 덕목을 형성하는데 도움이 된다. "세상의 어떤 것도 그대의 정직과 성실만큼 그대를 돕는 것은 없다."

✡ 어떻게 정직하게 살아갈 수 있을까?

첫째, 정직하려면 자신이 노력한 만큼의 결과를 받아들이겠다는 자세가 필요하다. 거짓된 행동으로 원하는 목표를 이루지 않겠

태도의 힘

다는 것이다. 그러려면 성공 기준과 올바른 가치가 확립되어야 한다. 자신이 품고 있는 성공의 기준과 가치에 따라 정직한 삶의 태도도 빛을 발하기 때문이다. 『탈무드』에는 그 의미를 이렇게 말하고 있다.

정직한 자는 자기의 욕망을 조종하지만, 정직하지 않은 자는 욕망에 조종된다.

둘째, 자기 자신에게 정직해야 한다. 남들이 보지 않을 때도 정직하게 행동할 수 있어야 한다. 사람들의 시선이 많을 때는 누구나 정직하게 행동한다. 그러나 아무도 보지 않을 때는 다르다. 그때 비로소 정직한 태도가 나타난다. 아무도 보지 않을 때 나는 어떤 선택을 하는지 점검하는 태도가 정직하게 살아가는 밑거름이 된다는 것을 기억해야 한다.

셋째, 용기를 품어야 한다. 정직하려면 용기가 있어야 한다. 정직하게 행동하면 때로는 손해를 볼 수도 있기 때문이다. 그 의미를 아래 이야기로 생각해보면 좋다.

어떤 왕이 있었다. 그 왕은 나라를 잘 다스리기 위해서는 정직한 신하가 많아야 한다고 생각했다. 정직한 사람을 찾기 위해 왕은 백성들에게 꽃씨를 나누어주었다. 꽃씨를 잘 가꾸어 가장 아름다운 꽃을 피워오는 사람에게는 상을 주고, 꽃을 피워오지 않은 사람은 벌을 내린다는 조건을 달았다. 백성들은 저마다 예쁜 꽃을 피우기 위해 물을 주며 열심히 가꾸었다.

드디어 심사일이 다가왔다. 백성들은 모두 자신이 피운 아름다운 꽃을 들고 왕 앞에 섰다. 누구 꽃이 가장 아름다운지 서로 살펴보면서 자신이 뽑히기를 바랐다. 모두들 꽃이 핀 화분을 들고 있는데 한 소년만이 빈 화분을 들고 두려움에 떨고 있었다. 왕은 꽃을 피운 백성들을 뒤로 하고 소년 앞으로 나아갔다.

"아니, 너는 왜 꽃을 피워오지 않고 빈 화분을 들고 왔느냐?"

"꽃씨를 심고 열심히 정성을 다해 가꾸었지만 꽃이 피지 않아 빈 화분을 들고 왔습니다."

꽃을 피우지 못해 벌을 받을 것이라고 생각한 소년은 두려움에 떨며 왕에게 사실대로 이야기했다. 왕은 두려움에 떨고 있는 소년을 보고 이렇게 말했다.

"오직 너만이 정직한 꽃을 키웠구나!"

왕은 모든 백성들을 모아놓고 나라에서 가장 정직한 사람은 소년이라는 것을 이야기했다.

"여러분! 이 나라에서 가장 정직한 사람은 바로 이 소년입니다. 사실 여러분에게 나누어준 꽃씨는 볶은 꽃씨였습니다. 볶은 꽃씨가 어떻게 꽃을 피울 수 있단 말입니까?"

왕은 백성들을 시험하기 위해 꽃을 피울 수 없는 볶은 꽃씨를

태도의 힘

나누어주었다. 그런데 어떤 사람은 상을, 어떤 사람은 벌을 받지 않기 위해 다른 꽃씨를 심고 꽃을 피웠다. 왕은 그 소년을 데려다 잘 가르쳐 후일 재상으로 삼았다고 한다.

　소년은 벌을 받을 수도 있었지만 정직하게 행동했다. 있는 그대로를 말하며 자기 양심을 속이지 않았다. 그 때문에 소년은 자기 삶을 바꿀 수 있었다. 우리의 삶도 다르지 않다. 용기를 품고 정직하게 행동하면 스스로 떳떳하고 당당해질 수 있다. 그리고 언젠가는 정직한 행동을 보상받는다. 세상은 언제나 진실이 승리하게 되어 있다.

오늘의 실천 노트

다음 글을 읽고 자신의 정직성을 점검해보세요.

● 시험을 볼 때 부정행위를 한 적이 있다.

　　YES ☐　　NO ☐

● 집 안에서 자기 돈이 아닌 것을 훔친 적이 있다.

　　YES ☐　　NO ☐

● 숙제를 누군가에게 부탁해 대신 해간 적이 있다.

　　YES ☐　　NO ☐

● 위기를 모면하기 위해 거짓말을 한 적이 있다.

　　YES ☐　　NO ☐

● 남들이 보지 않을 때 해서는 안 될 행동을 한 적이 있다.

　　YES ☐　　NO ☐

태도의 힘

● 탐나는 물건을 발견했을 때 슬쩍 가진 적이 있다.

　YES □　　NO □

● 정직하게 살겠다는 다짐의 글을 스스로에게 적어주세요.

사람답게 살아가는 법은 그냥 얻어지는 것이 아니라
반복적으로 익혀야 한다.
사람답게 살아가는 법을 습관이 되도록
실천해야 삶의 기쁨을 맛볼 수 있다.

5

오늘 형성한 습관이 미래의 나이다

말투가 인생을 좌우하는 방향타이다

어느 날 랍비가 자기 하인에게 시장에 가서 비싸고 맛있는 음식을 사오라고 말했다. 하인은 혀를 사가지고 와서 말했다.

"비싸고 가장 맛있는 음식입니다."

며칠이 지났다. 랍비는 또 하인에게 말했다.

"오늘은 값이 싸고 맛없는 음식을 사오너라."

그런데 하인은 또 혀를 사가지고 돌아왔다.

랍비는 언짢은 듯한 표정을 지으며 물었다.

"며칠 전 맛있는 음식을 사오라고 했더니 혀를 사왔다. 그런데 오늘은 맛없는 음식을 사오라 했더니 또 혀를 사왔다. 왜 그러느냐?"

그러자 하인은 이렇게 대답했다.

"좋은 것으로 치면 혀만큼 좋은 게 없고, 나쁜 것으로 치면 혀만큼 나쁜 것도 없기 때문입니다."

인간은 습관의 동물이다. 어렸을 때 형성한 습관대로 우리의 인생은 펼쳐진다. 내면을 바르고 건강하게 가꾸는 것도 습관의 결과물이다. 바람직한 삶의 태도도 습관으로 만들어진다. 좋은 습관을 길들여놓으면 평생 그 습관의 영향을 받는다.

프랑스 철학자 몽테뉴는 습관의 중요성을 이렇게 말했다. "습관에 한번 빠지면 우리 힘으로는 도저히 그 습관에서 벗어나 우리 자신에게 돌아올 수 없으며, 습관의 규칙과 이치를 따져볼 수 없게 된다." 그래서 청소년 시기에 좋은 습관을 길러야 한다. 그 의미는 영국의 저술가 새뮤얼 스마일스의 말을 들으면 이해가 쉽다. "습관은 나무껍질에 새겨놓은 문자 같아서 그 나무가 자라남에 따라 확대된다."

어렸을 때 품어야 할 습관 중 단연 으뜸은 말하는 습관이다. 지금 하고 있는 말투에 따라 인생이 달라진다. 바다를 항해하는 거대한 배를 움직이게 하는 것은 아주 작은 핸들, 키key다. 선장실에서 작은 핸들을 조종하는 것으로 거대한 배는 원하는 방향으로 움직인다. 우리의 인생도 다르지 않다. 우리 인생의 방향타는 혀이다. 신체 부위 중 아주 작은 혀에 의해 거대한 우리의 인생의 향방이 결정된다. 왜냐하면 인간은 말로 뿌린 씨앗대로 열매를 맺어가기 때문이다.

위 예화에서 하인은 그 의미를 간파했다. 가장 맛있는 음식에도 혀를, 가장 맛없는 음식에도 혀를 선택했다. 좋은 것으로 치면 혀만큼 좋은 게 없고, 나쁜 것으로 치면 혀만큼 나쁜 것도 없기 때문이다. 신체 부위 중 혀가 미치는 영향이 크지 않다고 생각하는 청소년이 있을지도 모르겠다. 그렇다면 다음 『탈무드』 이야기를 살펴보면 좋겠다.

왕이 병이 들었다. 의사는 왕이 세상에서도 보기 드문 괴상한 병으로 사자의 젖을 먹어야 낫는다고 말했다. 그러나 사자의 젖을 어떻게 구하느냐가 문제였다.

그런데 어떤 지혜로운 사나이가 사자가 살고 있는 동굴 가까이 가서 새끼사자 한 마리를 어미사자에게 주었다.

열흘쯤 지나자, 그는 어미사자와 아주 친하게 되었다. 그래서 왕의 병을 고칠 젖을 조금 짜낼 수가 있었다.

돌아오는 도중에 그는 자기 몸의 각 부분이 서로 다투고 있는 꿈을 꾸었다. 그것은 신체 중에서 어느 부분이 가장 중요한가에 대한 논쟁이었다.

발은 자기가 아니었다면 사자가 있는 동굴까지 도저히 가지 못했을 거라고 말했다. 눈은 자기가 아니었다면 볼 수가 없

태도의 힘

어서 그곳까지 가지 못했을 거라고 주장하고, 심장은 자기가 아니었다면 대담하게 사자에게 가까이 가지 못했을 거라고 말했다. 이 말을 듣고 있던 혀가 한마디했다.

"그래봤자 내가 아니었다면 너희는 아무런 소용이 없었을 거야."

그러자 신체의 각 부분은 일제히 나서서 혀를 윽박질렀다.

"뼈도 없고 쓸모도 없는 조그만 것이 까불고 있어."

혀는 입을 다물고 말았다.

그러던 중 그 사나이가 궁궐에 도착할 무렵, 혀는 이렇게 말했다.

"누가 제일 중요한지 너희에게 알려주마."

사나이가 왕 앞에 나아가자 왕이 물었다.

"이것이 무슨 젖이냐?"

그러자 사나이는 느닷없이 대답했다.

"네, 이것은 개의 젖이옵니다."

조금 전까지 혀를 몰아세우던 신체의 각 부분들은 그제야 혀의 힘이 얼마나 강한지 깨닫고 모두 혀에게 사과했다.

그러자 혀는 말했다.

"아니옵니다. 제가 말씀을 잘못 드렸습니다. 이것은 틀림없는 사자의 젖이옵니다."

동양 사상의 근간이 되는 책을 꼽으라면 많은 사람들이 『논어』를 이야기한다. 『논어』에는 인간이 살아가면서 지켜야 할 삶의 지혜와 덕목이 망라되어 있다. 특히 인간다운 삶을 사는데 많은 도움을 준다. 『논어』는 '사람답게 사는 것'에 대한 이야기로 가득하다.

책의 시작은 '배우고 때때로 그것을 익히면 또한 기쁘지 아니한가'이다. 공자는 사람답게 살아가는 법을 배우고 익혀야 한다고 말했다. 그것이 삶의 최상의 기쁨을 주기 때문이란다.

그런데 위 이야기에는 중요한 메시지가 숨겨져 있다. 바로 습관에 대한 이야기다. 사람답게 살아가는 법은 그냥 얻어지는 것이 아니라 반복적으로 익혀야 한다고 말한다. '익힌다'라는 의미의 습習은 반복을 의미한다. 즉 사람답게 살아가는 법을 습관이 되도록 실천해야 삶의 기쁨을 맛볼 수 있다고 강조한다.

공자는 『논어』를 통해 수많은 인생의 지혜를 선물한다. 그중 압권은 마지막 결말이다. 모든 이야기의 가장 강조하는 대목은 대부분 마지막에 나오는데, 『논어』의 마지막은 이렇다.

'천명天命을 알지 못하면 군자가 될 수 없고, 예禮를 알지 못하면 세상에 당당히 나설 수 없으며, 말言하는 법을 알지 못하면 사람의 진면목을 알 수가 없다.'

흔히 '삼부지三不知'라고 말하는 내용의 마지막은 말에 대한 메시지다. 말하는 것이 사람의 진면목을 알 수 있는 척도가 된다는 것이다. 그만큼 말이 가진 힘이 강하다는 이야기다.

태도의 힘

마지막으로 『탈무드』 이야기를 읽으며 자신의 말투를 점검하기 바란다. 지금 하고 있는 말투가 평생 습관이 되고 자기 인생의 방향타가 된다.

한 장사꾼이 거리에서 큰소리로 외치고 있었다.
"인생을 행복하게 사는 비결을 팝니다!"
사람들이 순식간에 몰려들었다. 그들 중에는 랍비도 몇 사람 섞여 있었다.
"제발 그 비결을 나에게 파시오."
사람들이 다투어 이렇게 졸라대자 장사꾼이 말했다.
"참된 인생을 사는 비결이란 자신의 혀를 조심해서 쓰는 것 뿐이오."

✡ 어떻게 바람직한 말투를 형성할 수 있을까?

먼저 말하기 전에 한번 생각하고 말하는 습관을 가져야 한다. 친구들과 어울려 분위기에 젖다 보면 지나친 표현이 쉽게 튀어 나올 수 있다. 분위기를 띄우려다 말실수를 하게 되는 것이다. 자신의 존재감을 나타내고 돋보이려다 과도한 표현을 하게 되어 실수를 하는 경우가 의외로 많다. 이런 일이 무의식적으로 반복되면 습관적인 말투가 되어버린다. 그러니 어떤 말을 하더라도 한번 생각하고 말하는 태도를 가져야 한다. 유대 격언에도 이와 같은 메시지를 전하는 이야기가 전해진다.

자신의 말言을 자신이 건너는 다리橋라고 생각하라.
튼튼한 다리가 아니면 당신은 건너지 않을 것이다.

둘째, 자신이 한 말을 항상 되짚어보고 점검해야 한다. 자신이 한 말에 대한 점검을 하지 않으면 좋은 말투를 가질 수 없다. 이 의미도 유대 격언으로 전해진다. 그 의미를 잘 살펴 자신의 말투를 점검해보자.

현명한 사람은 자기가 무슨 말을 하고 있는지를 알고 있으며, 어리석은 사람은 자기가 지껄이고 있다는 사실만 안다.

셋째, 부정보다 긍정의 언어를 늘 쓰도록 힘쓰는 것이다. 비난과 비평보다는 긍정의 말을 의도적으로 해야 한다. 그렇지 않으면 자신도 모르는 사이에 부정적인 언어를 쓰게 된다.

아마추어 사진작가가 저녁 식사에 초대를 받았다. 그는 자기가 찍은 사진 몇 장을 가지고 갔다. 그리고 사람들에게 보여주자 집주인이 이렇게 말했다.

태도의 힘

"참 잘 찍었네요. 기가 막힙니다. 사진기가 좋았나보지요?"

파티가 끝났다. 모두 음식이 맛있다며 칭찬이 자자했다. 마지막으로 사진작가가 집을 나서며 집주인에게 이렇게 말해주었다.

"참 맛있게 먹었습니다. 기가 막히네요. 냄비가 좋았나보지요?"

가는 말이 곱지 않으니 오는 말도 좋지 않았다. 비난과 비평의 말은 부메랑이 되어 다시 자신에게 돌아왔다. 위 이야기를 마음에 새기며 늘 긍정의 언어를 쓰자. 아름다운 말투를 지닌 멋진 사람으로 성장할 것이다.

오늘의 실천 노트

다음 질문에 답을 하며 자신의 말투를 점검해보세요.

● 자신이 들었던 말 중에 가장 상처가 되었던 말은 무엇인가요?

● 자신이 들었던 말 중에 가장 기분이 좋았던 말은 무엇인가요?

● 나의 평소 말투는 1번과 2번 중 어느 쪽에 더 가까운가요?

태도의 힘

오늘 삶의 밀도가
내일을 바꾼다

어떤 왕이 넓은 포도원을 가지고 있었다. 그 포도원에서 수많은 일꾼이 일을 하면서 그날그날의 품삯을 받아갔다. 그중 한 일꾼은 능력이 아주 뛰어나서 다른 사람들보다 훨씬 일을 잘해냈다. 그 일꾼이 일하는 것을 보고 왕도 늘 감탄하곤 했다.

그러던 어느 날 왕이 포도원을 방문했다. 그리고 일 잘하는 일꾼과 함께 포도원을 두루 산책하며 이야기를 나누었다.

하루 일이 끝났다. 그날 일한 일꾼들이 품삯을 받으려고 줄을 서 있었다. 그런데 왕과 하루 종일 산책만 했던 일꾼도 같은 품삯을 주는 것이었다. 다른 일꾼들이 불평을 늘어놓았다.

"저 사람도 우리와 함께 똑같은 품삯을 받는다는 것은 불공평합니다. 그는 두 시간 일하고 왕과 함께 산책만 했을 뿐입니다."

그때 왕은 화를 내면서 말했다.

"너희들이 하루 종일 한 일보다 저 사람이 두 시간 동안 한 일이 더 많다. 그와 같은 일은 또 있다. 오늘 스물아홉 살로 죽은 랍비가 있다. 그런데 그는 다른 사람이 백 년 동안 한 것보다 더 많은 일을 해냈다. 즉 문제는 몇 년 동안 살았느냐가 아니라 얼마나 많은 업적을 남겼느냐 하는 것이다."

세상은 불공평한 것이 참 많다. 태어나고 자라온 환경, 부모의 경제력 등, 공평한 것보다 불공평한 것이 더 많아 보인다. 그로 인해 마음 아파하는 청소년들이 많다. 그러나 세상에 공평한 것이 있다. 바로 시간이다. 세상의 모든 사람에게도 공평하게 24시간이 주어진다. 삶이 그럴듯해 보이는 사람에게도 30시간이 허락되지 않는다. 모두가 24시간이다. 이 시간을 얼마나 밀도 있게 보내느냐에 따라 미래의 인생이 달라질 뿐이다.

위 예화는 삶의 밀도의 중요성을 이야기한다. 왕과 산책을 하며 삶을 즐긴 사람은 다른 사람들이 하루 동안 할 일을 단 두시간 만에 끝냈다. 두 시간을 밀도 있게 일해 하루 내내 일하는 사람이 얻은 성과를 거두었다. 탁월한 시간 활용 능력이 여유 있는 삶을 살

태도의 힘

게 한 것이다. 청소년 시기에 몸에 익혀야 할 습관 중 시간 관리도 매우 중요하다. 시간 관리는 바람직한 삶의 태도를 형성하는데 매우 중요한 요소이다. 그 의미를 『탈무드』에는 이렇게 소개하고 있다.

어느 랍비가 졸업을 앞둔 학생들에게 말했다.

"'시간은 돈'이라는 격언이 있는데, 나는 잘못된 말이라고 생각한다. 시간은 돈에 비할 것이 아니다. 이 두 가지는 서로 전혀 비슷하지도 않고 공통점도 없다. 왜냐하면 돈은 저축할 수 있지만 시간은 저축할 수 없으며, 한번 잃은 시간은 되돌려 받을 수 없고 그 누구의 시간을 빌릴 수도 없기 때문이다. 그러므로 '시간은 돈'이라는 말은 완전히 틀린 말이다. 오히려 '시간은 생명'이라고 해야 맞는 말일 것이다."

한번 지나가는 시간을 되돌릴 수 없으니 시간은 생명이라는 말이 공감이 간다. 시간을 허투루 보낸다는 것은 생명을 허비한다는 의미다. 다시 되돌릴 수 없는 생명 같은 시간을 잘 관리해야 보다 의미 있는 삶을 살게 된다. 벤저민 프랭클린도 같은 메시지를 전한다. "삶을 사랑하는가? 그렇다면 시간을 낭비하지 마라. 삶이란 바로 시간으로 이루어져 있기 때문이다."

시간의 의미를 보다 깊이 있게 바라본 사람이 있다. 바로 전 코카콜라 CEO 더글라스 대프트이다. 그는 어느 신년사를 통해 시간의 중요성을 이렇게 말했다.

"인생을 공중에서 다섯 개의 공을 돌리는 저글링이라고 상상해봅시다. 각각의 공에 일, 가족, 건강, 친구, 그리고 영혼(나)이라고 이름을 붙이고, 이것들을 모두 공중에서 돌리고 있다고 생각해봅시다. 머지않아 당신은 일이라는 공은 고무공이어서 바닥에 떨어뜨리더라도 이내 튀어 오른다는 사실을 알게 될 겁니다. 그러나 다른 네 개의 공들은 유리로 만들어진 공이라는 사실도 알게 될 것입니다. 만일 당신이 이 중 하나라도 떨어뜨리게 되면 이 공들은 닳고, 상처 입고, 긁히고, 깨지고, 흩어져버려서 다시 이전처럼 되돌릴 수 없게 될 것입니다. 당신은 이 사실을 깨닫고 당신의 인생에서 이 다섯 개의 공들이 균형을 가질 수 있도록 노력해야 합니다.

그렇다면 어떻게 균형을 유지할 수 있을까요? 우선 자신을 다른 사람과 비교함으로써 자신의 가치를 훼손하지 마십시오. 왜냐하면 우리들은 저마다 모두 다르고 특별한 존재이기 때문입니다. 당신의 목표를 다른 이들이 중요하다고 생각하는 것에 두지 말고, 스스로에게 가장 최선이라고 생각되는 것에 두십시오.

당신 마음의 가장 가까운 곳에 있는 것들을 당연하게 생각하지 마십시오. 당신의 삶을 대하듯 그것들에 충실하십시오. 그것들이 없는 당신의 삶은 무의미합니다. 과거나 미래에 집착해 당신의 나날들이 손가락 사이로 빠져나가게끔 하지 마십시오. 당신의 삶이

태도의 힘

단 하루뿐인 것처럼 인생의 모든 나날들을 살아가십시오. 아직 할 수 있는 것이 남아 있다면 절대 포기하지 마십시오. 당신이 노력을 멈추지 않는 한 어떠한 것도 진정으로 끝났다고 할 수 없습니다. 당신이 완벽하지 않다는 사실을 두려워하지 말고 받아들이십시오. 우리를 구속하는 것이 바로 이 덧없는 두려움입니다. 위험에 부딪히기를 두려워하지 말고 용기를 배울 수 있는 기회로 받아들이십시오. 찾을 수 없다는 말로 당신의 삶에서 사랑을 지우지 마십시오. 사랑을 얻는 가장 빠른 길은 사랑을 주는 것이며, 사랑을 잃는 가장 빠른 길은 사랑을 꽉 쥐고 놓지 않는 것이며, 사랑을 유지하는 최선의 방법은 그 사랑에 날개를 달아주는 것입니다.

당신이 어디에 있는지 어디를 향해 가고 있는지도 모를 정도로 바쁘게 살진 마십시오. 사람이 가장 필요로 하는 감정은 다른 이들이 당신에게 고맙다고 여길 때의 감정입니다. 시간과 말을 함부로 사용하지 마십시오. 둘 다 다시는 되돌릴 수 없는 것들입니다. 인생은 경주가 아니라 그 길의 한 걸음 한 걸음을 음미하는 여행입니다. 어제는 역사이고, 내일은 미스터리며, 오늘은 선물입니다. 그래서 우리는 '현재present'를 '선물present'이라고 합니다."

더글라스 대프트는 시간과 말을 매우 소중하게 다루라고 말한다. 특히 오늘을 허투루 보내지 말라고 강조한다. 오늘은 다시 돌려받을 수 없는 소중한 신의 선물이기 때문이다.

유대인들은 시간에 대한 개념이 분명하다. 시간을 생명처럼 생각하고 아낀다. 돈을 낭비하는 것은 용서가 되지만 시간을 낭비하는 것에는 따끔하게 가르친다. 시간을 소중하게 생각하는 정신은 성인식 때 주는 선물을 보면 알 수 있다. 유대 청소년들은 남자는 13세, 여자는 12세에 성인식을 치른다. 이때 아이들은 부모와 하객들로부터 세 가지 선물을 받는다. 성경책, 축의금, 손목시계이다. 성경은 신 앞에 부끄럽지 않은 책임 있는 인간으로 살라는 뜻이다. 축의금은 경제적 독립의 종잣돈으로 사용된다. 시계는 시간을 잘 지키고 소중히 아껴 쓰라는 의미로 준다. 어려서부터 시간을 잘 지키고 활용하는 것을 배우며 살아가라는 의미다.

시간에 대한 유대 격언을 보며 자신의 시간관리 능력을 점검해보자.

매일, 오늘이 당신의 최후의 날이라고 생각하라.
그리고 최초의 날이라고 생각하라.

✡ 어떻게 시간을 효율적으로 관리할 수 있을까?

시간 관리를 잘하려면 먼저 삶의 우선순위를 올바로 세울 수 있어야 한다. 삶이라는 항아리가 있다고 생각해보라. 그 안에 큰 돌, 모래, 자갈, 물을 채우려면 어떤 순서로 넣으면 좋을까? 모래부터 넣으면 나중에 큰 돌을 채울 수 없다. 자갈을 먼저 채워도 모두 다

넣을 수 없다. 반드시 순서대로 넣어야 한다. 큰 돌, 자갈, 모래, 물 순서로 넣으면 항아리를 모두 채울 수 있다. 시간 관리도 이와 다르지 않다. 중요한 일과 급한 일을 구분해야 한다. 시간 관리는 중요한 일부터 하는 것이다.

그런데 대부분의 청소년은 급한 일이 중요하다고 착각한다. 모래나 물이 의미하는 시간은 쓸데없이 시간을 보내는 것들이다. 굳이 하지 않아도 아무런 문제가 없는 것을 말한다. 그러니 장기적인 목표를 세우고, 오늘 삶에 꼭 해야 할 일들을 정리해야 한다. 하루를 마감하면서 내일 무엇을 해야 하는지 점검하는 시간도 필요하다. 시간 관리 능력은 중요한 일이 무엇인지 알고 그것부터 차근차근 해내는 것에서 시작된다.

둘째, 꼭 해야 할 일을 미루지 않는다. 중요한 일이나 꼭 해야 할 일을 자꾸 미루다 보면 삶이 뒤죽박죽 흐트러진다. 삶이 엉켜버리면 풀어내기가 어렵다. 무엇을 어떻게 해야 할지 몰라 스스로 포기하게 된다. 시간 관리는 꼭 해야 할 일을 시한에 맞춰 해내야 효율적으로 관리가 된다.

미루는 습관을 버리려면 마감 시한을 정하면 좋다. 꼭 해야 할 일을 언제까지 해야 하는지 구체적으로 정하는 것이다.

이때 목표를 두루뭉술하게 설정해서는 안 된다. 단순히 국어 공부를 몇 시까지 하겠다는 것이 아니라, 몇 단원의 내용을 어떻게 공부할 것인지 구체적으로 정하고 그것을 완수하는 시간까지 정하는 것이다. 마감 시한은 혼자 정하지 말고 주변 사람들에게 알려줄 필요가 있다. 혼자 마감 시한을 정하고 실행하면 슬그머니 시간을 조정하려 들 수 있다. 주변 사람들에게 알리면 그 시선 때문이라도 책임을 완수하려고 노력한다.

인생의 성취와 바람직한 삶의 태도는 모두에게 공평하게 주어진 24시간을 얼마나 효율적으로 관리하느냐에 따라 달라진다.

오늘의 실천 노트

● 다음 시간 매트리스 질문을 보며 자신이 사용한 시간을 점검해 보세요.

영역	관련된 일들	사용한 시간
중요하면서도 급한 일	시험, 과제, 생리 현상, 수행평가, 위기를 극복해야 할 일, 마감해야 할 프로젝트 등	시간 분
중요하지만 급하지 않은 일	인생 계획, 독서, 글쓰기, 인간관계 형성, 바람직한 인성 형성, 운동 등	시간 분
급하지만 중요하지 않은 일	SNS 확인, 눈앞의 다급한 일, 누군가의 방문, 친구들과 문자, 전화 등	시간 분
급하지도 중요하지도 않은 일	하찮은 일, 무의미한 스마트폰 검색, 지난 친 TV 시청, 지나친 컴퓨터 게임 등	시간 분

※ 바람직한 삶의 태도와 꿈의 성취는 중요하지만 급하지 않는 일에 투자
한 시간과 비례합니다.

웃을 일이 없어도
웃어라

사람을 다음 세 가지로 알 수 있다. 포도주 잔, 분노, 지갑이 그것이다. 그런데 하나를 더 추가하면 웃음으로 사람을 알 수 있다.

청소년들의 삶은 치열하다. 경쟁에서 뒤처지지 않으려고 아침부터 밤늦게까지 시간을 불태운다. 무거운 책가방만큼이나 삶도 천근만근 무겁다. 그러다 보니 많이 웃지 못한다. 늘 경직된 상태로 긴장감을 유지하기에 바쁘다.

긴장감을 놓치지 않고 목표를 향해 질주하려는 것은 결국 행복하기 위해서다. 삶의 목표를 이루고 행복을 만끽하려고 치열하게 준비한다. 그러나 이런 삶의 습관은 잘못되었다. 훗날 행복을 위해 오늘의 행복을 포기한다면 행복은 영원히 잡지 못하는 뜬구름과 같기 때문이다. 행복은 오늘 삶에서 누려야 한다. 그래서 웃어야 한다. 그 의미를 윌리엄 제임스는 이렇게 말했다. "행복하기 때문에 웃는 것이 아니라 웃기 때문에 행복한 것이다." 우리의 뇌는 진짜와 가짜를 구별하지 못한다. 가짜로라도 웃으면 뇌는 삶에 좋은 일이 일어난 것으로 생각하고 행복감을 느끼게 한다. 웃을 일이 없어도 한바탕 웃으면 삶은 조금씩 좋은 쪽으로 변한다.

청소년들이 웃어야 하는 이유는 또 있다. 웃음은 좋은 인상을 형성하는데 도움을 준다. 그래서 『탈무드』에서는 웃음으로 사람을 알 수 있다고 말한다.

인상은 내면의 마음 상태가 나타나는 창구이다. 마음에 부정과 짜증이 가득하면 일그러진 표정이 나온다. 여유와 행복이 넘치면 부드러운 인상으로 나타난다. 미소가 가득한 얼굴은 그 자체로 사람을 끌어당기는 매력이 있다. 면접을 볼 때 특별한 이미지 메이킹을 받지 않더라도 상관없다. 습관적인 미소로 좋은 인상이 만들어졌으니 관리를 받을 필요가 없는 것이다.

유머는 삶을 바라보는 태도를 달리하고 유연한 생각을 할 때 나온다. 일정한 규칙을 벗어나야 창의적인 웃음을 유발할 수 있다. 창의적인 사고는 유머에서 비롯된다. 창의적인 분야에서 유대인들이 앞서가는 이유는 어렸을 때부터 유머를 갈고 닦기 때문이다. 그들이 유머를 강조하는 이유는 유머에서 지혜가 생긴다고 여기기 때문이다. '웃음'을 히브리어로 '호후마'라고 하는데 '예지叡智'와 '지혜'를 의미한다. 유머가 부족한 사람들에게는 "머리를 숫돌에 갈아야 한다"며 유머를 갈고 닦으라고 강조한다. 창의적인 인물로 대표되는 아인슈타인은 노벨상을 받는 자리에서 이렇게 말했다.

"나를 키운 것은 유머였고, 내가 보여줄 수 있는 최고의 능력은 조크였다. 세상 사람들은 규칙을 지키는 것이 가장 중요한 가치라고 생각했지만, 나는 반대로 규칙을 뒤집었을 때 우리에게 가장 필요한 새로운 규칙이 탄생할 것이라고 믿는다."

다른 각도에서 바라보고 생각한 능력이 곧 유머에서 비롯되었다는 것이다. 그들은 유머는 지혜와 서로 긴밀하게 연결되었다는 의미를 격언으로도 소개한다.

모든 생물 중에서 인간만이 웃는다. 인간 중에서도 현명한 사람일수록 잘 웃는다.

유머는 위기를 극복하는데도 유용하게 활용된다. 특히 리더십을 발휘해야 하는 자리에 있다면 유머를 덧입혀야 한다. 유머는 분위기를 전환하는데 적격이다.

캐나다 총리를 세 번 연임한 장 크레티앙이 있다. 그는 선천적인 장애가 있었다. 한쪽 귀가 들리지 않았고, 안면 근육이 마비되어

태도의 힘

입이 비뚤어졌다. 잘 듣지 못하고 발음이 부정확해서 사람들의 놀림감이 되기 일쑤였다. 그럼에도 그는 부단한 노력으로 스물아홉 살에 국회의원에 당선 되었다. 사람들의 인기에 힘입어 그는 총리가 되고 싶다고 자원했다. 국민들도 그를 지지했다. 총리가 된 그는 정견을 발표하기 위해 기자 회견을 열었다. 그때 한 기자가 물었다.

"총리가 언어 장애가 있으면 업무 수행에 문제가 될 것 같은데 어떻게 생각하십니까?"

그러자 장 크레티앙은 웃으며 대답했다.

"네, 저는 선천적인 장애로 말을 잘 못합니다. 그래서 저는 결코 거짓말도 못합니다."

기발한 유머 한마디로 그는 진실한 사람이라는 것을 각인시켰다. 적재적소에 던진 유머는 긍정적인 이미지를 갖게 했다. 그런 그를 국민들은 사랑했고 그 사랑은 세 번의 총리를 연임할 수 있도록 했다.

프랑스의 샤를르 드골 대통령의 일화도 유명하다. 드골 대통령의 정책에 반대하는 의원이 말했다.

"대통령님, 제 친구들은 당신의 정책에 매우 불만족스러워하고 있습니다."

그러자 드골 대통령이 아무렇지도 않은 듯 대답했다.

"아, 그래요? 그러면 이참에 친구들을 한번 바꿔보시죠."

두 지도자는 유머 한마디로 일순간에 분위기를 전환했다. 그런 유머 감각이 리더십을 발휘하는데 기여한 것이다.

웃음은 질병도 치료한다. 노먼 커즌스는 "우리 몸에는 완벽한 약국이 있다. 우리는 어떤 병도 치유할 수 있는 강력한 약을 가지고 있다. 그것은 웃음이다."라고 말했다. 실제로 웃음 치료는 질병을 치료하는데 많이 활용되고 있다. 한바탕 웃고 나면 엔도르핀이 생성된다. 암세포를 잡아먹는 세포도 증가한다. 통증과 염증을 막는 세포도 생성되어 질병이 치료되는 것이다. 과도한 학업과 진로의 고민으로 마음에 근심이 가득하거나 불안에 떨고 있다면 웃어라. 그러면 자신도 모르는 사이에 근심과 불안은 사라질 것이다. 질병을 치유하는 가장 강력한 약이 웃음이다.

『탈무드』에서는 웃음의 중요성을 이렇게 이야기한다.

어느 날 랍비가 시장을 갔다. 그리고 시장 상인들을 향해 말했다.

"이 시장 안에는 영원히 생명을 약속받을 수 있는 사람이 있소."

사람들은 시장을 아무리 둘러봐도 그럴 만한 인물이 보이지 않았다. 그때 랍비는 두 명의 사나이를 가리키며 말했다.

"이 두 사람이야말로 선행을 많이 해온 사람들이오. 영원한 생명을 받기에 부족함이 없소."

사나이의 정체가 궁금한 사람들이 그들에게 다가가서 물었다.

"당신들은 도대체 무슨 장사를 하고 있나요?"

그러자 그들이 대답했다.

"우리들은 어릿광대라오. 쓸쓸한 사람들에게는 웃음을 선사하고, 다투는 사람들에게는 평화를 가져다주지요."

웃음은 사람을 치유하고 평화를 가져다주기에 영원한 생명을 받는데 부족함이 없다는 것이다. 유대인은 생명이 끝나면 선행을 한 사람은 영원한 생명을 누리는 곳, 즉 천국으로 간다고 믿는다. 선행은 살면서 꼭 실천해야 하는 덕목으로 여긴다. 그래서 『탈무드』에서는 "웃음은 기호품이 아니라 주식이다."라고 말한다. 웃음이 그만큼 중요하다는 의미다.

웃을 일이 없어도 웃어야 한다. 치열한 경쟁 속에 있더라도 웃어라. 억지로라도 웃다 보면 질병은 치유되고, 인상은 좋아지고, 삶의 여유와 창의성까지 겸비하게 된다. 행복한 삶도 소유할 수 있다.

✡ 어떻게 매일 웃으며 살 수 있을까?

첫째, 일부러 웃는 습관을 들여야 한다. 거울을 보고 연습하면 더 좋다. 좋은 인상이 어떨 때 형성되는지 살피며 웃어보는 것이다. 제일 멋진 자기 모습을 발견할 때까지 해야 한다. 자신의 가장 멋진 모습이 발견되면 그때의 근육과 미소의 포인트를 기억해둔다. 그리고 웃어야 할 상황이 되면 기억해둔 모습을 생각하며 웃는다. 그것이 습관이 되어 자연스러운 웃음이 지어지도록 지속한다. 그러다 보면 자신도 모르는 사이에 멋진 미소를 지닌 사람으로 성장할 수 있다.

둘째, 대화할 때 상대방 말에 적극적으로 반응하는 것도 좋다. 상대방이 말할 때마다 미소를 지으며 고개를 끄덕여보라. 그러면 상대는 자신이 존중받고 있다고 생각한다. 자연스러운 미소는 상대의 마음 문을 열어 깊이 있는 대화를 이끌어갈 수 있다. 미소가 좋은 관계를 맺는 연결 고리가 되는 것이다. 효과적인 인간관계를 맺는 방법을 알면 웃지 말라고 해도 스스로 웃게 된다.

웃음은 정해진 시간에 기계적으로 반응하는 것이 아니다. 매일의 삶 가운데 필수적으로 행해야 하는 것이다. 웃음은 선택 사항이 아니라 주식主食이다. 하루에 밥을 세 번 먹는 것처럼 웃음도 지어야 한다. 웃기 시작하면 삶도 서서히 달라지기 시작한다. 니체의 말처럼 "오늘 웃는 자는 최후에도 웃을 것"이다.

태도의 힘

오늘의 실천 노트

● 먼저 거울 앞에 섭니다. 그리고 박장대소拍掌大笑합니다. 박장대소는 손뼉
을 치며 크게 웃는 것입니다. 타이머로 1분을 설정해놓고 알람이 울릴 때
까지 계속 웃으십시오. 그러고 나서 그 기분과 느낌을 아래 칸에 적어보
십시오.

평소 듣는 평판이
미래의 나이다

아키바라는 랍비가 임종을 앞두고 있었다.

학업 성적이 꽤 우수했던 그의 아들이 아버지에게 말했다.

"아버님, 돌아가시기 전에 부디 아버님 친구들에게 제가 얼마나 학문을 잘하는지, 얼마나 실력이 있는지 말씀해주십시오."

아들의 부탁에 아버지가 대답했다.

"애야, 나는 추천해주지 않겠다. 평판이 곧 가장 좋은 소개장인 것이니까."

많은 청소년들이 마법처럼 인생이 바뀌길 원한다. 하루아침에 뚝딱 꿈을 이루고 원하는 것들이 눈앞에 나타나길 바란다. 동화와

태도의 힘

같은 일들이 자기 삶에 펼쳐지길 기대하는 것이다. 그러나 마법 같은 일들이 삶에서 일어날 확률은 거의 없다. 우리의 삶은 습관을 통해 얻은 결과물의 합으로 이루어져가기 때문이다. 자신의 평소 생활 모습의 합이 곧 미래의 자신의 모습인 것이다.

우리는 알게 모르게 평가를 받으며 살아간다. 학교 공부는 수행 평가나 시험으로 평가받는다. 고입이나 대입은 학교 생활의 합인 학생부 종합전형으로 평가해 입시에 반영한다. 3년 동안 공부한 것을 종합해 수능시험으로 합격 여부를 가리기도 한다. 어디 그뿐인가. 특별한 재능을 가진 사람도 평가받기는 마찬가지다. 미술이나 음악도 평가를 통해 얼마나 성장했는지를 판가름한다.

이렇듯 삶의 다양한 분야에서 이루어진 평가는 자신의 미래를 열어가는데 결정적인 요소가 된다. 실력이 부족함에도 운이 좋아 평가에서 좋은 결과를 얻기도 한다. 그러나 대부분은 평소 그 사람의 삶의 합에 의해 결정된다. 평소에 생활하는 태도에 의해 사람 됨됨이가 파악이 되고 그 실력도 알 수 있다. 이런 삶의 모습을 평판이라고 한다. '평판'은 세상에 널리 퍼져 있는 소문이다. 그 의미를 예화에서 잘 보여주고 있다. 랍비 아키바는 이름만 대도 모두가 알 만한 훌륭한 랍비였다. 아들은 아버지의 명성에 힘입어 자신의 학문을 뽐내고 싶어 했다. 그러나 아버지 아키바는 아들의 바람대로 해주지 않았다. 아들의 평판이 가장 좋은 소개장이라고 여겼기 때문이다.

그런데도 많은 사람들은 평판보다 겉으로 드러난 모습에 신경 쓰며 살아간다. 자신의 배경과 스펙으로 사람들에게 인정받으려고 한다. 누군가에게 인정받아야 자기 존재가 부각된다고 여긴다. 겉으로 드러난 모습만큼이 곧 자신이라고 생각하는 것이다. 그 의미를 『탈무드』에서는 이렇게 묘사하고 있다.

외국에서 학자가 이민을 왔다. 그의 복장은 매우 화려하고 훌륭했다. 그것을 본 한 젊은이가 그의 아버지에게 물었다.
"어째서 외국에서 온 학자들은 저렇게 호화스런 복장을 하고 있는 걸까요?"
아버지가 대답했다.
"그건 그들이 대단한 학자가 못 되기 때문이란다. 그들은 훌륭한 옷이라도 입어서 사람을 압도하려는 것이지."
그러자 옆에 있던 할아버지가 말씀하셨다.
"아니다. 모두 잘못 알고 있구나. 저들이 저렇게 좋은 옷을 입고 있는 것은 그들이 다른 나라에서 이민 온 사람이기 때문이란다. 자기가 살았던 고장에서는 평판에 의해 사람을 헤아리지만, 밖에 나가면 의복에 의해서 평가되거든."

요즘 우리의 모습을 그대로 본 것 같다. 남들이 갖지 못하는 좋은 물건을 사면 그럴 듯하게 꾸며 SNS에 올린다. 가족과 함께한

태도의 힘

해외여행 모습도 화려한 사진 보정 기술을 이용해 자랑한다. 자기 삶의 모습을 있는 그대로 올리는 사람은 드물다. 특별한 일이 생길 경우에 "나는 이렇게 멋지게 인생을 살아가고 있어, 어때 부럽지?" 라고 자랑한다.

겉으로 드러내 보이고 싶어 하는 우리 모습을 간파해 삶의 지혜를 전하는 작가가 있다. 바로 프랑수아 드 라로슈푸코이다. 그는 인생의 지혜를 담은 자신의 책에서 이렇게 말했다.

"사람들은 자기 스스로 행복을 누리기보다는 남에게 행복해 보이기를 바란다. 남에게 행복해 보인다는 소리를 들으려고 애쓰지만 않아도 만족하는 것이 그리 어렵지는 않다. 남이 행복하게 봐주기를 바라는 그 허영심 때문에 진정한 행복을 놓치는 경우가 정말 많다."

굳이 행복해 보이려고 하지 않아도 행복한 삶을 살면 행복해 보인다. 좋은 평가를 받으려고 하지 않아도 평소 바람직한 태도로 살면 좋은 평판을 듣는다. 그런데도 우리는 겉으로 드러내 보이고 싶어 안달이다. 좋은 평가를 받고 싶어 겉치레에 과도한 신경을 쓰는 것이다. 가만히 살펴보면 이런 행동은 쉽게 고쳐지지 않는다. 사람에게는 인정받고 싶어 하는 본능이 숨겨 있기 때문이다. 이런 본능의 유혹은 생각보다 강해 우리 삶을 옥죄인다. 그 의미를 대변하는 유대 격언이 있다.

바다 속으로 완전히 가라앉아버린 배는 항해하는 다른 배를 방해하지 않지만, 절반쯤 물에 잠긴 배는 다른 배에 장애가 된다.

어설픈 자랑이나 지식이 자신뿐만 아니라 남들까지 해칠 수 있다는 것을 경고하는 메시지다. 이런 행동은 오히려 자기 삶의 발목을 잡게 한다. 그럴듯하게 보이려는 행동이 진실해 보이지 않는다. 가식적으로 보여 나쁜 평판이 생기게 하는 것이다.

평판은 하루아침에 좋아지지 않는다. 평소 생활에서 보이는 삶의 태도가 하나하나 쌓이고 쌓여 생긴다. 거대한 삶의 바다가 작은 냇가에서 흐르는 물로 채워지는 것과 같은 이치다. 골짜기 골짜기에서 흐르는 물들이 모이고 모여 바다를 이룬다. 그러니 삶을 변화시키고 싶으면 자기 삶에서 작은 냇물을 흐르도록 해야 한다. 바람직한 태도를 품고 매일 생활할 때 작은 냇가가 만들어진다. 그렇게 만들어진 냇물이 모여 자기 인생의 성공적인 바다를 만들어낸다.

태도의 힘

✡ 어떻게 해야 좋은 평판을 들으며 살 수 있을까?

먼저 인사를 잘해야 한다. 인사는 예절을 지키는 시작이자 마침표이다. 인성의 척도가 되기도 한다. 유대인 랍비 나탄은 성품을 엿볼 수 있는 것들에 대해 이렇게 말했다. "한 사람의 성품은 걸음걸이, 옷차림, 그리고 인사하는 태도로 알 수 있다." 내면에 담겨 있는 것들이 외적으로 드러날 때 위 세 가지로 나타난다는 것이다. 인사를 잘하면 좋은 인상을 상대방에게 심어줄 수 있다. 인사를 받는 사람도 기분이 좋아진다. 당연히 상대에 대한 호감을 가지게 된다. 그래서 인사만 잘해도 성공할 수 있다고들 한다.

둘째, 항상 따뜻한 표정을 지으며 살아야 한다. 그러려면 내면을 밝고 건강하게 가꾸어야 한다. 따뜻한 표정을 지으라는 말은 그럴듯한 가면을 쓰라는 말이 아니다. 내면을 건강하게 가꾸며 그것이 자연스레 표현되도록 하라는 의미다. 그러려면 항상 감사하며 사는 것밖에 없다. 어떤 상황에서도 감사하면 마음이 따뜻해진다.

셋째, 성실한 자세로 사는 것이다. 성실이 평판에 가장 결정적인 영향을 준다. 성실은 하루아침에 알 수 있는 것이 아니기 때문이다.

넷째, 좋은 평판을 들으려면 어제보다 더 나은 삶을 살겠다는 의지가 필요하다. 유대인의 격언에는 그 의미를 이렇게 전하고 있다.

다른 사람보다 훌륭하다는 사람은 정말로 훌륭한 사람이라고 말할 수 없다. 그보다는 이전의 자신보다 더 나아지고 있는 사람이 참으로 훌륭한 사람이다.

좋은 평판은 바람직한 삶의 태도를 품기 위해 노력하는 자세에서 나온다. 어제보다 0.01퍼센트라도 성장하는 삶을 살겠다는 다짐으로 오늘을 살아라. 남의 시선을 신경 쓰지 않고 어제보다 오늘 더 나아지겠다는 의지 속에서 성숙의 꽃이 핀다. 성숙한 삶을 살면 자연스레 평판은 좋아진다. 굳이 드러내 보이려고 하지 않아도 좋은 소문이 난다.

태도의 힘

오늘의 실천 노트

● 좋은 평판을 듣기 위해 자신이 보완해야 할 것을 적어보세요.

● 그것을 성실하게 완수하기 위한 방법과 계획을 세워보세요.

배움은 평생 이어가는 것이다

왕이 하인들을 만찬회에 초대하겠다고 약속했다. 그러나 만찬회가 언제 열릴 것인지에 대해서는 말하지 않았다.

하인들은 두 가지 행동을 보였다. 현명한 자들은 이렇게 생각했다.

'언제 만찬회가 열릴지 모르는 일이니 당장이라도 만찬회에 참석할 수 있도록 미리 준비를 하자. 되도록 집에서 벗어나 있지 말아야지. 멀리 가 있다가 소식을 놓치면 안 되니까.'

그러나 다른 무리들은 이렇게 생각했다.

'만찬회를 열자면 상당한 준비가 필요하겠지. 그러니까 아직 시간이 많이 남았어.'

그들은 아무런 준비를 하지 않고 일상에 전념했다.

태도의 힘

그런데 바로 몇 시간 후 만찬회가 열렸다. 아무런 준비를 하지 않은 하인들은 참석하지 못했다.

많은 청소년이 아침부터 늦은 저녁까지 공부에 시달린다. 고등학교를 졸업하면 공부에서 해방이 될 것이라고 기대하며 하루하루 참고 견딘다. 그러나 막상 고등학교를 졸업하고 대학에 입학하면 더 치열하게 공부를 해야 한다. 취업이라는 거대한 관문을 통과하기 위해서다.

취업의 문을 통과하면 공부의 감옥에서 탈출이 가능할 것 같은데 꼭 그렇지도 않다. 직장에서는 업무를 잘해내기 위해 공부해야 한다. 또 퇴보하지 않고 살아남기 위해 치열하게 배움을 이어가야 한다. 청소년들이 그토록 바라는 배움에 끝은 없다. 그러니 생각을 바꾸어야 한다. 배움의 끝이 언제가 될지 기대하는 것이 아니라 어떻게 즐겁고 행복한 배움을 이어가야 할지를 말이다.

평생 직업이라는 개념도 없어졌다. 한번 배우고 익힌 기술로 평생을 먹고살기가 힘들어졌다. 기술 발전의 속도가 빨라 새로운 기술을 지속적으로 배우고 익혀야 간신히 유지하거나 살아남을 수 있게 되었다. 한 연구기관에서는 한 사람이 평생 6~11개의 직업을 가진다고 했다. 그때마다 잘 준비된 사람은 경쟁력을 갖추게 될 것이다.

위 『탈무드』 예화는 준비하는 자세의 의미를 잘 이야기해주고 있다. 현명한 사람은 막연한 기대로 사는 것이 아니라 항상 준비하는 자세로 살아가야 함을 말한다. 준비하지 않으면 기회는 오지 않기 때문이다.

배움의 자세는 꿈을 성취하는 가장 중요한 덕목이다. 그런데 배움에는 때가 있다. 늦은 나이에 배움의 열정으로 공부할 수도 있지만 한계가 있다. 기억력과 체력 등 많은 제약이 뒤따른다. 그 의미를 『탈무드』에서는 이렇게 말하고 있다.

하루를 공부하지 않으면 그것을 만회하는데 이틀이 걸리고,
이틀을 공부하지 않으면 그것을 만회하는데 나흘이 걸린다.
또 1년을 공부하지 않으면 그것을 만회하는데 2년이 걸린다.

배워야 할 시기에 잘 배우는 것이 중요하다. 고대 그리스의 시인 에우리피데스는 "젊었을 때에 배움을 소홀히 하는 자는 과거를 잃고, 미래에 대해서도 죽은 자가 된다."라고 말했다. 때를 놓치게 되면 희망찬 미래를 설계할 수 없다는 뜻이다. 고대 철학자만 이런 말을 한 것은 아니다. 세계 최고의 부자 빌 게이츠는 미국의 마운틴휘트니 고등학교 강연에서 배움의 때를 강조하는 말을 해주었다.

"대학 교육을 받지 않은 상태에서 연봉 4만 달러가 될 것이라고는 상상도 해서는 안 된다. 학교 선생님이 까다롭다고 생각한다면 사회에 나와서 직장 상사의 진짜 까다로운 맛을 보게 될 것이다.

태도의 힘

공부밖에 할 줄 모르는 '바보'한테 잘 보여라. 사회로 나온 다음에는 아마 '그 바보' 밑에서 일하게 될지도 모른다."

학창 시절에 배움을 소홀히 하지 말라는 의미의 메시지다. 사회에 나오면 배움에 열심인 친구가 훨씬 많은 기회를 잡을 수 있다는 의미다.

배움은 사다리와 같기에 때를 놓치면 안 된다. 사다리를 오르려면 한 칸 한 칸 차근차근 올라가야 한다. 중간에 사다리 칸이 하나라도 빠져버리면 오르기가 만만치 않다. 가랑이가 찢어질 정도로 다리를 벌려야 하고 떨어질 염려도 있다. 배움도 이처럼 차근차근 단계를 밟아가야 효과적이다. 차근차근 단계를 밟아가는 것은 내 인생의 목적에 다다르게 하는 사다리를 만드는 것과 같은 이치다. 청소년 시기에 배움의 사다리의 가장 기초적인 칸은 지식이다. 지식이 모여야 지혜가 생긴다. 『탈무드』 이야기로 그 의미를 배워보자.

항해하는 배에는 상인들이 타고 있었다. 그들은 모두 부자였다. 그중 한 사람만이 학자였다. 부자들은 자신들이 가지고 있는 물건과 부를 자랑했다. 하지만 학자는 아무것도 내세울 것이 없었다. 한 상인이 학자에게 물었다.

"당신은 어떤 물건을 팔려고 합니까?"

"제가 파는 물건은 훌륭하지만 당신들에게 직접 보여줄 수는 없습니다."

상인들은 학자가 대단한 물건을 가지고 있다고 생각했다. 마침 학자가 잠들자 그 틈을 이용해 학자의 짐을 뒤졌다. 그러나 아무것도 나오지 않았다. 상인들은 학자를 이상한 사람이라고 생각했다.

배가 목적지에 다다를 즈음 풍랑을 만나 뒤집히고 말았다. 상인들이 가지고 있던 재산과 물건은 모두 바다에 가라앉고 말았다. 다행히 목숨을 잃은 사람은 없었다.

배가 육지에 닿아 저마다 자기 삶의 길을 걸었다. 학자는 학교에서 학생들을 가르쳤다. 그 모습을 본 상인들은 그가 뛰어난 학자였다는 것을 알았다. 학자는 명성에 걸맞게 존경을 받고 재산도 많이 모았다. 그 모습을 보고 상인들이 말했다. "당신 말이 옳았습니다. 우리들은 가지고 있는 재산을 몽땅 잃었지만, 당신은 당신이 살아 있는 한 잃어버릴 일이 없다는 것을 알았습니다. 머리에 든 지식이야말로 가장 값진 것이오."

위 예화에서 이야기하는 지식은 단순히 공부만을 의미하는 것은 아니다. 청소년들이 하고 싶은 분야와 관련된 지식적인 부분도 포함되어 있다. 피아노 건반을 열심히 두드리며 기술을 익히는 것도 중요하지만 음악적 지식을 공부하는 배움도 필요하다는 것이다. 음악적인 지식이 있어야 기술적인 응용도 변화도 창작물도 만

태도의 힘

들어낼 수 있기 때문이다.

지식의 사다리를 한 칸 한 칸 채우다 보면 어느 순간 문리文理가 트여 빅뱅이 일어난다. 사물의 이치를 자연스럽게 깨닫게 돼 지혜로 발현되는 것이다. 지식에 지혜를 더해야 효과적인 적용이 가능하다. 지혜는 지식을 활용하는 능력이다. 제아무리 많은 지식이 있어도 그 지식을 효과적으로 활용하는 능력이 없으면 아무 소용이 없다. 『탈무드』에서 전하는 의미를 생각하며 배움에 임하는 자세를 점검하길 바란다. 배움의 습관은 평생 계속 되어야 한다.

지혜가 없는 사람에게 행운이 깃드는 것은 구멍 뚫린 자루에 가루를 담아 짊어진 것과 같다.

✡ 어떻게 배움의 습관을 기를 수 있을까?

배우는 습관을 가지려면 독서가 제일 중요하다. 독서는 모든 학습의 기초가 된다. 기초가 탄탄해야 원하는 건물을 지을 수 있다. 훗날 자신의 인생에 필요한 빌딩을 짓든지, 단독주택을 짓든지 원하는 대로 건물을 쌓아 올릴 수 있다. 인생의 목적을 이루는데 필요한 배움을 이어가는 기초가 되는 것이다.

그런데 독서 습관을 형성하는 것이 말처럼 쉽지 않다. 스마트폰이라는 방해물이 있어서이다. 스마트폰이 나온 뒤로 많은 청소년들이 책을 가까이하지 못한다. 깊이 있는 글을 읽어내는 것도 힘들어한다. 그래서 스마트폰을 잘 관리할 수 있어야 한다.

고려대학교 홍세희 교육학과 교수는 스마트폰을 사용한 학생과 그렇지 않은 학생의 학업 성취도를 연구했다. 그는 2015년 서울의 중3 학생 4,672명을 대상으로 국어 과목 성취도를 분석했다. 중학교에 입학하기 전 스마트폰을 사용하기 시작한 학생 2,293명의 국어 성취도는 35점 만점에 16.30점이었다. 중학교 이후 스마트폰을 사용한 학생은 17.17점이었다. 전체 평균 점수는 16.60이었다. 스마트폰을 미리 경험한 학생이 평균보다 낮은 점수를 받은 것이다.

초등학교 5~6학년인 만12세까지는 정서 발달과 집중력과 관계있는 뇌의 전두엽이 크게 발달하는 결정적인 시기다. 이때 스마트폰으로 영상을 많이 보게 되면 사리를 분별하는 능력이 떨어져 전두엽이 활성화되는데 방해가 된다. 또한 즉각적인 반응을 요구하는 게임을 반복적으로 하게 되면 사고와 판단 능력이 제대로 발달하지 못한다. 스마트폰이 뇌에 좋지 않은 영향을 끼친다는 것이다.

스마트폰 대신 책을 들려주면 어떨까. 책을 가까이하면 뇌가 활성화된다.『책 읽는 뇌』의 저자인 미국 심리학자 매리언 울프는 독서가 뇌에 가장 훌륭한 음식이라고 말한다. 그러면서 글자를 이해하고 그 의미를 해석하는 측두엽, 상황을 파악하고 상상하는 전두엽, 감정을 느끼고 표상하는 변연계에 좋은 영향을 끼친다고 했다. 뇌를 활성화시키는데 독서만큼 강한 영향을 주는 것이 없다고 강

태도의 힘

조한다. 청소년 시절 무엇을 보고 사느냐가 인생의 성패를 좌우하는 것이다.

둘째, 삶과 배움에 대한 호기심이 있어야 한다. 호기심은 배움을 지속시키는 동력이 된다. 자기 미래에 대한 호기심이 없다면 오늘 삶에 열정을 불태울 수 없다. 미래에 대한 호기심은 기대하는 마음을 품는 것과 같다. 자기 삶이 조금 더 좋은 쪽으로 변화될 것이라는 기대다. 기대는 배움의 의지를 불태우게 한다. 배움에 열정을 더하면 삶이 좋은 쪽으로 변할 것이라는 확신이 생긴다. 그 의미를 니체의 말을 통해 배워보자. 니체는 평생 '왜?'라는 질문을 던지고 살았다. "왜 살아야 하는지 이유를 아는 사람은 어떤 어려움도 견뎌낼 수 있다."는 말이 대표적이다. 니체는 삶을 마감하기 2년 전에 삶에 호기심을 갖고 살았던 이유를 이렇게 밝혔다.

"어떻게 살아야 할지 삶의 방법론을 담은 책은 많지만, 내게 맞는 것을 찾기는 어렵다. 타인의 방식이 내게 맞지 않는 것은 당연한 일이니 전혀 이상할 게 없다. 문제는 내가 던지는 '왜?'라는 물음의 내용을 나 스스로 전혀 인식하지 못하는데 있다. 왜 그 일을 하고 싶은가? 왜 그렇게 되려고 하는가? 왜 그 길로 가려고 하는가? 내면으로부터의 이런 물음에 분명한 평가 기준을 갖추지 못했기 때문에 답을 찾지 못하는 것이다. '왜?'라는 의문 부호에 스스로 답을 제시할 수 있어야만 무엇을 어떻게 할지 알게 됨으로써, 이제 그 길을 가는 일만 남게 되는 것이다."

'왜?'라는 질문이 오늘 무엇을 할지 알게 된다는 것이다. 배움은 오늘 무엇을 할지, 미래의 삶을 어떻게 꾸려갈지 선명하게 그려낼 수 있어야 지속해나갈 수 있다. 3년 후, 5년 후, 10년 후의 삶에 대한 어떤 그림이 그려져 있는가? 그것을 이루기 위해 나는 무엇을 배우고 익혀야 하는가? 이 질문에 대한 답이 배움의 습관을 형성하며 원하는 목표를 성취하는 길임을 기억해야 한다.

태도의 힘

오늘의 실천 노트

● 오늘보다 나은 미래를 위해 무엇을 준비하고 배워야 하는지 생각하고 적

　어보세요.

6

바람직한 삶의 태도를 위해
버려야 할 것들

자신이 부족하든 뛰어나든 비교하면 안 된다. 어떤 식으로든 비교하는 순간
비참해지거나 교만해진다. 비교하는 순간 비극이 시작된다.
대신 스스로를 존중하고 사랑해주어야 한다.
그럴 때 바람직한 삶의 태도도 원하는 삶의 목표도 성취할 수 있다.

삶을 무너뜨리는
씨앗은 심지 마라

악에 대한 최초의 충동은 매우 달콤하다. 그러나 그것이 끝나고 나면 매우 쓰다.

우리 삶을 무너뜨리는 것은 아주 사소한 것으로부터 시작된다. 아주 사소한 것이 내 삶의 발목을 잡고 무너뜨린다. 특히 삶에 즐거움을 주는 것들이 훗날 삶을 갉아먹는 좀벌레가 되기도 한다. 그 의미를 다음 예화에서 잘 말해주고 있다.

어떤 배가 항해를 하고 있었다. 그런데 갑자기 폭풍우를 만나 항로를 잃고 말았다. 아침이 되자 바다는 다시 조용해졌고 멀리 아름다운 포구가 있는 섬이 보였다. 배는 포구에 닻

태도의 힘

을 내리고 잠시 쉬어가기로 했다. 그 섬에는 형형색색의 아름다운 꽃들이 만발해 있었다. 먹음직스런 과일들이 주렁주렁 매달려 있고 온갖 새들이 다정하게 지저귀고 있었다.

배에서 내린 손님들은 다섯 그룹으로 나뉘었다.

첫째 그룹은 아무리 아름다운 섬이라 할지라도 빨리 자신들의 목적지로 가고 싶어 했다. 그래서 그들이 섬에 올라가 있는 동안 순풍이 불어 배가 떠나버릴지도 모른다는 생각에 아예 상륙조차 하지 않고 배에 남아 있었다.

둘째 그룹은 서둘러 섬으로 올라가 나무 그늘 아래서 향기로운 꽃향기를 맡으며 맛있는 과일을 따먹고 기운을 회복하자 곧 배로 돌아왔다.

셋째 그룹은 아름다운 섬에 너무 오래 머물러 있었다. 그러다가 순풍이 불어오자 배가 떠날까 봐 허겁지겁 돌아오다 소지품을 분실하고 자기들이 앉았던 배 안의 좋은 자리를 빼앗기고 말았다.

넷째 그룹은 순풍이 불어 선원들이 닻을 걷어 올리는 것을 보았다. 하지만 돛을 올리려면 아직 시간 여유가 있고, 선장이 자신들을 남겨 놓고 떠나지는 않을 것이라는 등의 이유를 붙여 그대로 섬에 있었다. 그러다가 막상 배가 포구를 떠나가자 허둥지둥 헤엄을 쳐서 가까스로 배에 올라갔다. 그때 바위나 뱃전에 부딪쳐 생긴 상처는 항해가 끝날 때까지 아물지 않았다.

다섯째 그룹은 아름다운 경치에 도취된 채 계속해서 많은 열매를 먹고 있었다. 그래서 배가 출항을 알리는 종소리조차 듣지 못했다. 그들은 숲속 맹수들에게 잡아먹히기도 하고, 독이 있는 열매를 먹기도 하여 마침내는 전멸하고 말았다.

배는 인생에 있어서의 선행을 의미한다. 그리고 섬은 쾌락을 상징한다. 첫째 그룹은 인생에서 쾌락을 전혀 맛보려고 하지 않았다. 둘째 그룹은 쾌락을 조금 맛보았지만, 배를 타고 목적지까지 가야만 한다는 의무를 잊지 않았다. 가장 현명한 그룹이라고 할 수 있다. 셋째 그룹은 쾌락에 지나치게 빠지지 않고 돌아오기는 했지만 역시 고생을 했다. 넷째 그룹은 결국 선행으로 돌아오기는 했지만 그것이 너무 늦어 목적지에 도착할 때까지 후유증이 아물지 않았다. 그러나 인간은 다섯째 그룹과 같은 실수를 저지르기 쉬운 존재이다. 일생 동안 허영을 위하여 살거나 앞날의 일을 잊어버리고 살면서 달콤한 과일 속에 독이 들어 있는 것도 모르고 먹게 마련이다.

인간은 쾌락을 추구하는 존재다. 즐거움을 만끽하기 위해 오늘 힘든 과정을 견딘다. 그런데 쾌락을 대하는 태도에 따라 삶의 결과도 다양하다. 인간이 절대로 저지르지 말아야 하는 것은 쾌락에 지나치게 빠져버리는 것이다. 지나치게 빠지게 되면 중독이 되고 만

태도의 힘

다. 한번 중독이 되면 그것에서 빠져 나오기란 쉽지 않다는 것을 다섯 번째 그룹을 통해 말하고 있다.

많은 청소년이 쾌락적인 유혹에 노출되어 있다. 게임, 스마트폰, 야한 동영상, 담배, 술 등이 호시탐탐 청소년들을 노리고 있다. 그런데 이런 쾌락을 주는 요소들은 한두 번으로 끝낼 수가 없다. 한번 하면 두 번, 세 번으로 이어지게 되어 있다. 조금씩 강도를 더해가야 즐거움이 더해진다. 절제하려고 해도 보통 마음가짐으로는 물리치기 힘들다. 쾌락을 주는 것들이 미끼가 되어 유혹의 손길을 지속적으로 뻗어오기 때문이다.

유혹은 항상 우리 곁에 도사리고 있다. 그것을 뿌리치는 훈련을 청소년 시기부터 해두어야 성인이 되어서도 미끼에 걸려들지 않는다. 대개 우리를 넘어뜨리는 미끼는 자신이 좋아하는 것들이다. 자신이 관심을 갖고 즐거움을 찾는 것이 미끼가 된다. 아무런 생각 없이 미끼를 덜컥 물어버리는 날에는 중독이라는 낚싯바늘에 걸려든다. 『탈무드』에는 인간이 미끼에 어떻게 반응하는지 시험하는 내용이 나온다.

신은 인간 하나하나를 시험한다. 부자에게는 부자에게 맞는 방법으로, 가난한 이에게는 그에게 적당한 방법으로. 부자에게는 도움을 필요로 하는 사람을 보내 시험하고, 가난한 사람에게는 불평불만 없이 순종하면서 고통을 참아내는지를 시험한다.

　신이 각 사람의 특성에 맞는 미끼를 던지고 시험한다는 것이다.
그 시험에 통과해야 비로소 건강한 삶을 살아갈 수 있다. 또한 축
복을 누리고 유지할 수 있다. 아무리 원하는 목표를 성취했어도 순
간의 유혹을 이겨내지 못하면 파멸의 나락으로 떨어지고 만다. 숱
한 미끼들이 주변에 지뢰처럼 깔려 있어 유혹하고 있기 때문이다.
『탈무드』에는 사람의 됨됨이를 알려면 쾌락을 대하는 태도를 보라
고 말한다.

　사람을 알려면 그의 지갑과 쾌락, 그리고 불평을 보라.

　쾌락이 한 사람의 인성을 평가하는 중요한 잣대가 되는 것이다.
　우리 사회에서 일어나는 불미스러운 일 중 대부분은 쾌락과 관
련되어 있다. 성추행, 도박, 음주 운전 등은 모두 한순간의 쾌락을
다스리지 못해 생긴 것이다. 자신의 힘으로 컨트롤 할 수 없을 정도
가 되어 삶을 무너뜨린다. 중독이 되어 자기 삶을 삼켜버린 것이다.
　중독에 빠지면 평생 가꾸고 이루어놓은 것들이 물거품으로 끝
난다. 그러니 청소년 시기부터 쾌락을 제대로 다스리고 절제할 수
있어야 한다. 중독이 되기까지 나 몰라라 하다가는 큰 코 다치는
일이 생기게 된다.

청소년 중에도 술을 마셔본 경험이 있는 친구들이 있을텐데 다음의 『탈무드』 이야기를 주의 깊게 읽기를 권한다.

태초에 인간이 포도나무를 심고 있고 있었다. 그때 사탄이 찾아와서 무엇을 하고 있느냐고 물었다. 그러자 인간이 대답했다.

"나는 지금 기가 막히게 좋은 식물을 심고 있다. 이 식물이 자라면 대단히 달콤하고 맛있는 열매가 주렁주렁 열릴 텐데 그 열매의 즙을 짜서 마시면 누구나 황홀해지고 행복해질 것이다."

이 말을 들은 사탄은 자기도 꼭 그 나무를 함께 심게 해달라고 졸랐다. 사탄이 간절하게 조르자 인간이 허락했다.

사탄은 양과 사자와 원숭이와 돼지를 차례로 끌고 와서 죽였다. 그리고 그 피를 거름으로 주었다. 이것이 포도주가 생겨난 기원이다.

술이란 처음 마시기 시작할 때는 양처럼 온순하지만, 조금 더 마시면 사자처럼 사나와지고, 여기서 더 마시게 되면 원숭이처럼 춤추고 노래 부르게 된다. 그래도 멈추지 않고 계속 마시면 토하고 뒹굴며 형편없는 꼴이 되어 돼지처럼 추해지는데, 이것이야말로 사탄이 인간에게 준 선물이다.

그렇다고 모든 중독이 나쁜 것은 아니다. 건강한 중독도 있다. 삶을 건강하게 만드는 중독이다. 자신의 삶을 통해 누군가에게 의미 있고 선한 영향력을 끼치는 일에 대한 열정은 칭찬받아 마땅하다. 자기 삶의 목표를 성취하기 위해 오늘도 땀을 흘리는 일은 우리를 숙연하게 만든다. 장인정신으로 지독하게 몰입하며 살아가는 삶에는 숙연함까지 느껴진다. 그런 삶을 꿈꾸고 준비하고 있는 청소년이라면 박수를 보내고 격려해야 한다.

누구나 유혹에 쉽게 반응할 수 있다. 어느 누구도 나는 아니라고 자신있게 이야기할 수 없다. 우리는 나약한 존재이기 때문이다. 그러므로 삶을 파괴시키는 쾌락에 반응하지 않도록 노력해야 한다. 그 끝은 비극으로 끝나기 때문이다.

✡ 어떻게 해야 중독에 빠지지 않을까?

중독에 빠지지 않으려면 삶을 망가뜨리는 것들을 처음부터 멀리해야 한다. 처음부터 거리를 두는 것이다. 무심결에 가까이 하다 보면 거머리처럼 삶에 달라붙어 우리를 삼킨다. "나는 다른 사람들과 달라."라고 절대로 자신하지 마라. 그렇게 패기어린 마음으로 시작하다 삶을 망치는 사람이 많다. 딱 한 번이 이번 한 번만이 되고, 이번 한 번만이 마지막 한 번만으로 연결된다. 그러다 중독의 길로 들어서게 되는 것이다.

태도의 힘

둘째, 건강하지 않는 쾌락을 건강한 쾌락으로 바꾸는 것이다. 야한 동영상에 빠져 있다면 마음을 울리는 감동적인 영상이나 한바탕 웃을 수 있는 영상을 보는 것이다. 건강한 영상을 통해 새로운 감동과 의미를 찾으면 서서히 벗어날 수 있게 된다. 아무도 몰래 방 안에서 건강하지 않는 쾌락에 물들어 있다면 야외 활동 시간을 늘리면 좋다. 친구들과 함께 어울려 운동을 하며 땀을 흠뻑 흘리면 스트레스가 풀린다. 찌들어 있던 마음에 환한 햇살이 비추어 건강한 쪽으로 변화가 생기기 시작한다.

셋째, 건강하지 않는 쾌락의 끝은 파멸이라는 것을 기억한다. 건강하지 않은 쾌락의 시작은 달콤하다. 그러나 그것이 중독이 되면 비극으로 끝난다. 자기 미래를 마음으로 그리며 지금 하고 있는 행동을 점검해야 한다. 하루에 자신을 반성하고, 일주일을 돌아보고, 한 달을 점검하며 건강한 삶을 유지하도록 힘쓰자. 그 길이 바람직한 삶의 태도를 형성하는 비결이다.

오늘의 실천 노트

다음 질문에 답을 해보면서 자기 삶을 점검해보세요.

● 자신도 모르게 반복적으로 하게 되는 것은 무엇인가요?

● 그것을 계속 하게 되면 그 끝은 어떻게 끝날까요?

● 지금 하고 있는 것을 의미 있는 것으로 발전시키려면 어떻게 해야 할까요?

태도의 힘

욱하는 성질을
다스려라

세상에는 잘못 살고 있는 세 부류의 인간이 있다. 성급하게
화를 내는 인간, 쉽게 용서하는 인간, 너무 완고한 인간이다.

요즘 우리 사회는 분노 때문에 일어난 사건으로 조용할 날이 없
다. 순간적인 분노를 절제하지 못해 이곳저곳에서 파열음이 들리
는 것이다. 뉴스를 장식하는 안타까운 소식 중에서 분노로 인해 일
어난 일이 매우 많다.

청소년들도 다르지 않다. 순간적인 화를 참지 못해 다른 사람들
의 마음을 아프게 한다. 어른들도 함부로 충고해줄 생각을 하지 않
는다. 괜히 끼어들었다가 좋지 않은 일을 당하는 일이 많기 때문이
다. 참 안타까운 현실이다. 잘못된 점을 바로잡아줄 어른들은 줄어

들고, 설령 충고를 들어도 스스로 깨닫고 반성하는 청소년들도 많지 않다. 이런 사람들을 향해 『탈무드』는 한마디로 이야기한다. 순간의 화를 참지 못한 사람은 세상을 잘못 살고 있다고 말이다.

순간의 화는 한순간에 애써 쌓아놓은 삶의 결과물을 무너뜨린다. 특히 관계를 깨뜨리는데 결정적인 역할을 한다. 상대의 마음을 아프게 하기 때문이다. 분노를 느낀다는 것은 속이 상했다는 의미다. 뭔가 못마땅한 것이 있어 그것을 화로 표출하는 것이다. 분한 마음이 속에서 끓어올라 밖으로 표현하는 행동이다. 속이 상하더라도 그것을 해소하는 방법은 다양하다. 그럼에도 순간적인 화를 참지 못해 분노를 표출하는 사람은 마음을 다스리지 못한 것이다.

마음은 눈에 보이지 않는다. 그래서 소중하게 생각하지 않는 경우가 많다. 하지만 마음에 관심을 두지 않으면 큰일을 치르게 된다. 마음은 잠시라도 방심하면 자기 인생을 송두리째 삼켜버린다. 그 의미를 『탈무드』 이야기로 살펴보자.

요하난 벤 자카이 랍비가 다섯 명의 제자를 앉혀놓고 물었다.
"인생에서 추구해야 할 가장 좋은 것은 무엇인가?"
엘리에셀 랍비가 말했다.
"좋은 눈입니다."
요슈아 랍비가 말했다.

"좋은 친구입니다."

요세 랍비가 말했다.

"좋은 이웃입니다."

시므온 랍비가 말했다.

"미래를 보는 지혜입니다."

엘리아살 랍비가 말했다.

"선한 마음입니다."

대답을 들은 요하난 랍비가 결론을 내렸다.

"엘리아살이 가장 훌륭한 답을 말했다. 왜냐하면 선한 마음 속에는 모두가 들어 있기 때문이다."

요하난 랍비가 다시 물었다.

"인생에서 피해야 할 가장 나쁜 것은 무엇인가?"

엘리에셀 랍비가 말했다.

"악한 눈입니다."

요슈아 랍비가 말했다.

"악한 친구입니다."

요세 랍비가 말했다.

"악한 이웃입니다."

시므온 랍비가 말했다.

"돈을 빌리고 갚지 않는 사람입니다."

엘리아살 랍비가 말했다.

"악한 마음입니다."

대답을 들은 요하난 랍비가 또 결론을 내렸다.

"엘리아살이 가장 훌륭한 답을 말했다. 왜냐하면 악한 마음
속에는 모두가 들어 있기 때문이다."

우리의 마음에는 항상 악한 마음과 착한 마음이 싸우고 있다. 그
의미를 유대 격언은 이렇게 전하고 있다.

당신의 내면에는 좋은 충동과 나쁜 충동이라는 두 가지 주
인이 있다. 좋은 충동을 칭찬하고 나쁜 충동을 벌하라.

이 이야기를 잘 이해시켜줄 인디언 이야기가 있다. 바로 인디언
체로키 부족들이 삶의 지혜를 가르치는 방법이다.

체로키 부족의 어른들은 자손들에게 인생의 지혜를 가르친다.
아이들이 자라 인생의 교훈을 배워야 할 때쯤이면 할아버지들이
나선다. 할아버지는 어린 손자들을 무릎에 앉히고 이렇게 이야기

를 이어간다.

"얘야, 모든 사람 안에서는 늑대 두 마리가 치열하게 싸우고 있단다. 악한 늑대는 분노와 질투, 용서하지 않는 마음, 교만, 게으름으로 똘똘 뭉쳐 있단다. 반면 착한 늑대는 사랑과 친절, 겸손과 절제, 희망과 용기가 있단다. 이 두 마리 늑대가 우리 안에서 늘 싸우고 있지."

할아버지가 이렇게 이야기해주면 어린 아이들이 묻는다.

"할아버지, 그럼 어떤 늑대가 이겨요?"

할아버지는 질문을 이어받아 이렇게 말해준다.

"그야, 네가 먹이를 주는 늑대지. 누구에게 먹이를 줄 것인지는 네가 선택해야 한단다."

속이 상할 때 우리 마음 안에는 악한 늑대와 착한 늑대가 싸운다. 이때 악한 늑대에게 먹이를 주면 분노를 표출하고 누군가를 아프게 한다. 그러니 착한 충동 쪽에 관심을 기울여야 한다. 악한 충동과 착한 충동, 악한 늑대와 착한 늑대에게 먹이를 주는 것은 자신의 선택에 의해 결정되기 때문이다.

✡ 어떻게 분노를 조절할 수 있을까?

첫째, 무엇 때문에 속이 상한지를 파악해야 한다. 분노는 속상한 감정이다. 그래서 무엇이 자신을 속상하게 했는지를 알아야 한다.

문제의 원인을 제대로 알게 되면 의외로 쉽게 해결책을 찾을 수 있다. 화가 난 상황과 무엇이 자신을 속상하게 하는지 살펴보면 자연스레 속이 상한 이유를 발견하게 된다. 그러면 그와 같은 속상한 감정에서는 다시 분노를 표현하지 않을 수 있다.

둘째, 내면의 상처를 치유해야 한다. 상처난 감정을 치료하지 않아 속상함을 자주 느끼게 되는 것이다. 치유되지 않은 상처는 폭탄과 같아 뇌관을 건드릴 때마다 폭발한다.

내면의 상처를 치유하려면 있는 그대로의 자신을 사랑해야 한다. 치유는 있는 그대로의 자신을 인정하고 사랑할 때 시작되기 때문이다. 자신의 부족한 부분을 비난하기보다 자신을 인정하고 존중할 때 있는 그대로의 자신을 사랑할 수 있다. 그러면 속상한 감정이 생겨도 자신을 용서하고 받아들이게 된다. 자연스레 순간적인 화를 분노로 표출하기보다 보다 건전한 방법으로 화를 풀게 된다.

셋째, 화가 나는 순간적인 상황을 견디는 것이다. 화가 끓어오르는 그 순간만 넘기면 왜 속이 상했는지를 온전히 파악할 수 있다. 대부분의 사람들은 3초만 견디면 된다고 한다. 그러니 화가 치밀어 오를 때 3초 동안을 슬기롭게 넘기도록 해야 한다. 심호흡을 길게 하며 순간을 견디는 것도 좋다. 심호흡을 하면서 그 순간만 넘기면 상황을 이성적으로 바라볼 수 있다.

태도의 힘

오늘의 실천 노트

● 순간적인 화는 3초를 견디면 참을 수 있습니다. 3초가 어느 정도인지 느

껴보는 행동을 해보세요.

● 3초 동안 크게 심호흡을 해보세요. 그 시간을 마음으로 체크하세요. 그리

고 화가 났을 때 그 시간을 생각하며 심호흡을 해보세요.

탐욕의 주머니는
영원히 채워지지 않는다

돈은 자만에 이르는 지름길이요, 자만은 죄에 이르는 지름
길이다.

삶의 목표를 이루며 살아가려면 욕심이 필요하다. 어제보다 오
늘 더 나은 삶을 살겠다는 욕심이 있으면 조금씩 성장하는 자신의
모습을 바라볼 수 있다. 아무런 욕심 없이 살면 성장도 성취도 이
루어내기 힘들다. 그런데 여기서 꼭 점검해야 할 것이 있다. 분수
에 맞지 않는 지나친 욕심은 삶을 망가뜨리게 된다는 것이다. 그
의미를 다음 『탈무드』 이야기로 살펴보자.

어떤 상인이 물건을 사려고 먼 여행을 떠났다. 그는 가방 속

태도의 힘

에 오백 개의 금덩이를 가지고 있었다. 목적지에 도착하자 물건을 구입할 때까지 금을 가지고 다니기 불안한 상인은 인적이 드문 곳으로 가 금덩이를 숨겨놓았다. 그런데 그 모습을 담벼락의 작은 구멍으로 엿보고 있는 사람이 있었다. 그는 상인이 떠나자 금덩이를 훔쳤다.

며칠이 지나 상인은 물건을 구입하기 위해 금덩이를 찾으러 갔다. 자신이 묻어 둔 곳의 땅을 팠지만 금덩이는 하나도 없었다.

상인은 주변을 둘러보던 중 벽에 작은 구멍이 있는 것을 발견했다. 그는 그 집을 찾아가 이렇게 말했다.

"당신은 아주 현명하다고 들었습니다. 제게 그 지혜를 빌려주십시오. 사실 나는 물건을 사려고 금이 든 가방 두 개를 가지고 왔습니다. 하나에는 금이 오백 개가 들어 있고 다른 하나에는 팔백 개가 들어 있습니다. 그런데 저는 이곳 지리를 잘 몰라 금 오백 개가 든 가방을 땅속에 숨겨 두었습니다. 아직 금 팔백 개가 들어 있는 가방이 있는데 이것을 들고 다니기가 무거운데 어떻게 하면 좋을까요? 오백 개를 숨긴 곳에 묻어야 할까요? 아니면 다른 곳에 숨겨야 할까요?"

상인의 말을 들은 주인은 이렇게 대답했다.

"내가 당신이라면 오백 개를 묻어 둔 곳에 다시 숨겨 두겠소."

그 말을 들은 상인은 집주인이 범인이라는 것을 알아채고 이렇게 말했다.

"당신의 훌륭한 조언에 감사드립니다. 나는 당신의 말대로 오늘밤 어두워진 뒤에 금을 묻어 두겠습니다."

상인이 나가자 도둑은 서둘러서 훔친 금 가방을 원래 자리에 묻어놓았다. 가까이에 숨어서 이 모습을 보고 있던 상인은 재빨리 그것을 파내어 기분 좋게 갈 길을 갔다.

집주인은 탐심이 가득했다. 상인의 돈을 훔친 것도 모자라 팔백 개까지 훔치겠다는 욕심을 부렸다. 지나친 욕심으로 결국 아무것도 얻지 못했다. 금 오백 개까지 잃은 집주인의 마음은 어떠했을까. 자신의 잘못은커녕 금 팔백 개를 빼앗지 못한 억울함으로 고통스러워했을 것이다.

유대인들은 악착같이 돈을 벌었다. 돈을 벌 수 있는 길이라면 모든 수단을 동원했다. 작은 틈새만 있어도 비집고 들어가 돈을 벌었다. '공기인간'이라는 별칭은 그들의 생존력을 보여주는 말이다. 공기가 들어갈 틈만 있어도 비집고 들어가 상술을 펼치고 돈을 번다는 뜻이다.

그럼에도 그들은 돈에 지나치게 집착하지 않는다. 돈을 벌어 자기 민족을 지키고 다시 나라를 일으키는데 썼다. 같은 민족이 힘들게 살고 있으면 아무 조건 없이 그들을 도왔다. '돈과 비료는 쌓아

태도의 힘

두면 악취가 난다'는 격언을 바탕삼아 산 것이다. 그래서인지 돈에 인색하고 욕심을 부리면 손해를 본다는 의미의 이야기를 전하며 교훈으로 삼는다.

두 사람의 이웃이 있었다. 한 사람은 가난한 학자였는데 싸우기를 좋아했다. 한 사람은 부자인데 인색했다. 가난한 학자가 어느 날 수탉을 한 마리 샀다. 그리고 새벽에 닭이 울면 일어나 율법을 공부했다. 인색한 부자도 이 닭 울음소리를 듣고 깨어 율법을 공부했다.

어느 날 가난한 수탉 주인이 인색한 부자에게 말했다.

"당신도 내 수탉 소리를 듣고 공부를 시작하고 있으니 수탉 먹이 값을 좀 내야 합니다."

그 말에 인색한 부자가 대답했다.

"수탉 소리는 들리는 것이지 내가 일부러 듣는 것이 아니오."

두 사람의 싸움은 끝나지 않았다. 그래서 랍비를 찾아갔다. 자초지종을 들은 랍비는 심각하게 생각하다가 이윽고 두 사람에게 말했다.

"풀기 아주 어려운 문제로군요. 이 문제를 풀기 전에 우선 10달란트씩 재판 비용을 내야겠습니다."

랍비는 재판 비용을 받고 이렇게 말했다.

"수탉 주인은 옆집에 사는 당신을 위해서도 수탉이 운다고 말했소. 그리고 부자인 당신은 수탉 울음소리가 들려지는 것이지 일부러 듣는 것이 아니기 때문에 먹이를 같이 줄 필요가 없다고 말했소. 그런데 나는 수탉이 그 어느 누구를 위해서도 우는 것은 아니라고 생각하오. 그 수탉은 바로 나를 위하여 울었소. 당신들로 하여금 내게 이 돈을 갖다 주라고 수탉은 우는 것이오."

랍비의 지혜로움에 두 사람은 돈만 허비했다. 서로 욕심을 부리다 랍비만 좋은 일을 시킨 것이다.

탐심은 단기적으로는 돈을 아끼고 벌 수 있다. 그러나 장기적으로는 손해다. 돈에 대한 지나친 욕심은 만족을 모르게 한다. 돈을 벌어도 항상 목마른 상태에 살도록 한다. 늘 부족함을 느끼게 되니 행복은 가까이 할 수 없다. 행복은 얼마를 소유했느냐가 아니라 얼마나 만족감을 누리느냐에 따라 얻어지는 감정이기 때문이다. 그 의미를 다음 이야기를 통해 알아보자.

어떤 사람이 부자 이웃에게 가서 은 숟가락을 빌려달라고 요청했다. 부자는 아무 말 없이 빌려주었다. 며칠이 지나 은 숟가락을 빌렸던 사람은 빌린 은 숟가락과 작은 은 숟가락을 가지고 갔다. 부자는 이상하게 생각하며 물었다.

태도의 힘

"나는 은 숟가락 하나만 빌려주었는데 작은 은 숟가락은 왜 가지고 왔나요?"

그 사람은 이렇게 대답했다.

"당신의 은 숟가락이 이 작은 숟가락을 낳았습니다. 그러니 엄마 숟가락과 아기 숟가락을 모두 당신께 드리는 것입니다."

부자는 그 사람의 말이 터무니없었지만 욕심 때문에 그것을 받았다. 며칠이 지나 그 사람은 다시 부잣집으로 가서 은잔을 빌려달라고 했다. 부자는 그의 요청을 들어 주었다. 며칠 뒤 그 사람은 은잔과 함께 작은 은잔을 가지고 나타났다. 그가 말했다.

"당신의 은잔이 이 작은 은잔을 낳았습니다. 이 둘 다 당신 것이므로 이렇게 돌려 드리는 것입니다."

얼마 뒤에 그 교활한 사람은 세 번째로 부자를 방문하여 말했다.

"이번에는 금시계를 빌려주시지 않겠습니까?"

부자는 그가 또 작은 금시계를 가지고 올 것으로 생각했다. 그래서 의심하거나 주저하지 않고 빌려주었다. 다이아몬드가 박힌 아주 비싼 금시계였다. 하루가 지났다. 이틀이 지나고 사흘이 되었지만 빌린 사람은 나타나지 않았다. 부자는 더 이상 참을 수가 없어서 시계를 돌려달라고 하기 위해 그의 집을 찾아가 말했다.

"내 금시계가 어떻게 되었나요?"

금시계를 빌려간 사람은 깊은 한숨을 내쉬며 말했다.

"슬픈 일이 벌어졌습니다. 유감스럽게도 당신의 시계는 죽어버렸습니다. 나는 어떻게 할 수가 없었습니다."

부자는 화를 내며 말했다.

"죽다니요! 무슨 말을 하는 거요? 어떻게 시계가 죽을 수 있습니까?"

부자의 말을 듣고 그 사람이 대답했다.

"숟가락이 숟가락을 낳을 수 있고 술잔이 작은 술잔을 낳을 수 있었습니다. 그래서 당신은 그것들을 다 받았지 않습니까? 그러면서도 시계가 죽는다는 사실이 그렇게 놀랍습니까? 그 금시계는 죽어서 제가 물속에 장사를 지냈습니다. 그러니 죽은 시계라도 찾으시려면 저 강물을 다 퍼내고 찾아가십시오!"

욕심에 눈이 먼 부자는 아무 말도 못하고 금시계를 빼앗겨버렸다. 교활한 사람의 논리에 고스란히 당하고 만 것이다. 작은 것을 탐하다 큰 것을 잃어버린 꼴이다. 사람의 탐심은 끝이 없다. 탐욕의 주머니는 절대로 채워지지 않는다. 그러므로 지나친 욕심을 경계해야 한다. 지나친 욕심은 마셔도 갈증이 사라지지 않는 소금물

태도의 힘

과 같다.

✡ 어떻게 해야 탐심을 부리지 않을 수 있을까?

지나친 욕심으로 삶을 망가뜨리지 않으려면 소유보다 만족감을 얻는 것에 집중해야 한다. 앞에서도 이야기했듯이 행복은 소유가 아니라 만족감을 통해 생긴다. 그런데도 많이 소유하면 행복할 것이라고 착각하는 청소년들이 많다. 어린 시절 장난감을 갖고 싶었을 때와 그 의미가 비슷하다. 장난감이 없을 때는 원하는 한 개의 장난감을 가지면 행복할 것 같다. 그러나 막상 그 장난감을 가지면 다른 장난감이 탐난다. 더 좋은 장난감에 늘 관심이 가 있으면 현재 소유하고 있는 장난감으로는 만족을 느낄 수 없다. 그 의미를 잘 생각하며 돈에 대한 가치관도 정립해야 한다.

돈은 삶을 영위하는데 부족하지 않을 정도면 된다. 나머지는 세상을 조금 더 이롭게 하는데 흘려보내야 한다. 그 의미를 유대 격언에는 이렇게 전하고 있다.

돈과 비료는 쌓아두면 악취가 난다.

그렇다. 물질에 지나친 욕심을 품고 있으면 진짜 볼 수 있는 것을 못 보게 된다. 다음 『탈무드』 이야기를 살펴며 지나친 욕심이 삶에 어떤 영향을 끼치는지 알기 바란다.

어떤 유대인이 물었다.

"랍비님! 아무리 생각해도 모를 일이 한 가지 있습니다. 가난한 사람들은 하나가 되어 서로 도와주며 살고 있습니다. 그런데 부자들은 여유가 있으면서도 서로 도와주지 않고 있습니다. 왜 그럴까요?"

랍비가 말했다.

"창밖을 보십시오. 무엇이 보입니까?"

"어떤 사람이 어린아이의 손을 잡고 걸어가고 있군요. 그리고 시장으로 자동차 한 대가 들어가고 있습니다."

다시 랍비가 물었습니다.

"이제 벽에 있는 거울을 보세요. 무엇이 보입니까?"

"제 얼굴밖에 안 보이는데요."

"거울이나 창이나 모두 유리로 되어 있습니다. 거기에다 은을 칠하면 자기만 보이는 법입니다. 귀중품을 가지면 다른 사람이 보이지 않는 법이지요."

태도의 힘

오늘의 실천 노트

● 자신이 생각하는 행복의 기준은 무엇인가요? 그 기준에 도달하면 진짜

행복하게 살 수 있을 것 같은가요?

● 진짜 행복이란 무엇일지 생각하여 적어보고 그 의미를 가족과 함께 하브

루타(토론)를 해보세요.

비교는 비참하거나
교만해지는 것

누군가를 미워하는 것은 마치 가려운 곳을 긁는 것과 같다.
긁으면 긁을수록 더 가렵고, 미운 사람은 생각할수록 더 미
워지니까.

많은 청소년들이 비교당하며 산다. 특히 성적으로 비교한다. 엄
마 친구의 자녀와 비교하며 늘 채찍질한다. 다 자식들 잘 되라고
하는 말인데 비교당하는 당사자는 죽을 맛이다.

바람직한 삶의 태도를 품지 못하도록 방해하는 요소 중 으뜸은
비교다. 비교는 삶을 무너뜨리는 근원이 된다. 철학자 키르케고르
는 "비교가 모든 비극의 원인이다."라고 했다. 왜냐하면 비교는 비
참해지거나 교만해지는 속성을 갖고 있기 때문이다. 자신보다 뛰

태도의 힘

어난 것과 비교하면 한없이 비참해진다. 자신보다 부족한 것과 비교하면 스스로 교만해진다. 자신을 비참하게 생각하든 교만하게 생각하든 삶은 위태롭게 된다. 비교와 관련된 이야기로 그 의미를 살펴보자.

어떤 사람이 있었다. 그는 자신이 뛰어나다는 것을 사람들에게 보여주고 싶었다. 특히 랍비보다 머리가 좋다는 것을 알리고 싶었다. 그래서 랍비를 보면 대답하기 곤란한 것만 잇달아 물었다.

어느 날 두 사람이 길에서 만났다. 그는 거만스럽게 랍비에게 물었다.

"만약에 사람이 미친개를 만나게 되면 주저앉아 개보다 몸을 낮추고 꼼짝 않는 것이 좋다고들 합니다. 그런데 습관에 의하면 마을에서 랍비를 만나게 되면 일어서게 돼 있지요. 그런데 만약 미친개와 랍비를 한꺼번에 만나게 된다면 어떻게 하면 될까요?"

랍비가 조용히 생각하다 이렇게 대답했다.

"그것은 간단하지요. 왜냐하면 미친개와 랍비가 함께 있을 때 마주친 사람은 그리 흔하지 않습니다. 그럴 때 어떻게 하면 좋을지 그 관례는 아직 서 있지 않습니다. 미친개를 만나면 주저앉는다는 것은 그러는 편이 안전하다는 경험에서 나온 것이고, 랍비를 만나면 일어선다는 것 또한 랍비에게 경의를 표하는 오랜 동안의 경험에서 온 것입니다. 그러니 당신과 나 두 사람이 지금으로부터 동네를 함께 거닐어보고 사람들이 어떻게 반응하는가를 보는 편이 가장 좋지 않을까요?"

두 사람이 함께 길을 걸었을 때 사람들의 반응은 어떠했을까? 보지 않아도 답은 나온다. 두 사람 중 한 사람은 큰 상처를 입었을 것이다. 얼굴을 들고 그 마을에서 살기 힘들 정도였을 것이다. 『탈무드』의 다른 이야기로 그 의미를 깊이 이해해보자.

솔로몬 왕은 어느 날 신으로부터 굉장한 선물을 받았다. 하늘을 날 수 있는 비단 카펫이었다. 그는 카펫을 타고 여러 나라를 여행했다. 아침과 점심 식사를 각각 다른 나라에서 할 정도였다. 솔로몬 왕은 마음대로 원하는 곳을 날아다니는 자신이 스스로도 위대해 보였다.
솔로몬은 동물과 벌레의 말도 알아들을 수 있었다. 멀리 있는 곳에서 속삭이는 말도 곧잘 알아들었다.
하루는 그가 카펫을 타고 하늘을 날고 있는데, 땅에서 여왕개미가 한 말이 들렸다.
"솔로몬이 카펫을 타고 우리 위를 날고 있으니 모두 숨어

태도의 힘

라!"

기분이 상한 솔로몬 왕이 땅으로 내려와 여왕개미를 붙잡고 물었다.

"넌 무엇 때문에 개미들에게 숨으라고 했어?"

여왕개미가 말했다.

"당신은 세상에서 가장 위대하다고 착각하고 있습니다. 그건 아주 위험하고 무서운 생각입니다."

솔로몬 왕은 여왕개미를 보며 웃으며 말했다.

"내가 위험한 것이 아니라 진짜 위대하다는 것을 보여주겠다. 넌 너무 작아서 나처럼 높이 날 수 없을 것이다."

솔로몬 왕은 여왕개미를 카펫에 태우고 하늘로 날아올랐다. 하늘 높이 날고 있을 때 여왕개미가 왕의 머리 위를 윙윙 날며 이렇게 말했다.

"여기를 좀 보시죠. 제가 더 높이 날고 있잖아요."

여왕개미는 솔로몬 왕의 교만함을 알아챘다. 솔로몬이 카펫을 타고 하늘을 나는 것이 자신들에게 위협이 되지 않음에도 숨으라고 말한 것은 교만이 얼마나 위험한 것인지 알고 있었기 때문이다. 교만은 패망의 지름길이다. 그 의미를 유대 격언에서는 이렇게 전하고 있다.

현인이라 하더라도 지식을 자랑삼아 뽐내는 자는 무지를 부끄러워하는 어리석은 자만 못하다.

교만도 무섭지만 스스로를 비참하게 여기는 것은 더 위험하다. 자신이 다른 누군가보다 부족하다고 여기며 초라하게 생각하면 스스로를 존중하지 못하게 되는 것이다. 자신을 쓸모없는 사람으로 생각하며 삶의 의욕을 품지 못한다. 자신의 부족한 부분만 보이고 단점에 초점을 맞추고 산다. 그러다 보면 열등감에 휩싸이게 된다.

자신이 부족하든 뛰어나든 비교하면 안 된다. 비교하는 순간 비극이 시작된다. 대신 스스로를 존중하고 사랑해주어야 한다. 그럴 때 바람직한 삶의 태도도 원하는 삶의 목표도 성취할 수 있다.

✡ 어떻게 해야 비교하지 않을 수 있을까?

첫째, 스스로를 존중하는 자세가 필요하다. 나는 이 세상에 하나밖에 없는 존재다. 누구와 비교할 수 없는 소중한 걸작품인 것이다. 그러니 자기 존재를 긍정하고 인정하라. 자신을 존중할 때 누군가와 비교해도 흔들림이 없다. 자신은 세상에 유일한 존재임을 알기 때문이다. 『탈무드』에도 이야기하고 있지 않은가. "자신만큼 잘 알고 있고, 자신만큼 깊이 동정하며, 자신만큼 강하게 격려해주

태도의 힘

는 스승은 없다."고 말이다. 그러니 스스로를 존중하고 사랑해주도
록 한다.

둘째, 늘 겸손해야 한다. 자신이 부족하면 위축되지 말고 스스로
를 존중하며 나아가면 된다. 자신의 능력이 뛰어나면 늘 겸손한 마
음을 품어야 한다. 겸손하게 되면 누군가와 비교하지 않을 수 있
다. 그 의미를 『탈무드』 이야기로 이해해보자.

현자로 널리 알려진 랍비가 어느 마을로부터 지도자가 되어
달라는 부탁을 받았다. 랍비는 그 마을에 도착하자마자 숙
소로 들어가더니 몇 시간이 지나도 나오지 않았다. 기다리
다 못한 마을 대표가 환영 파티를 상의하기 위해 그를 찾아
갔다. 문 앞에 도착해서 보니 랍비는 방 안을 서성이며 큰
소리로 자신에게 외치고 있었다.
"랍비 슈멜케, 그는 위대하다! 그는 천재이며 인생의 지도자다!"
얼마 후 마을 대표가 방 안으로 들어가 그의 행동에 대해 물
어보았다. 그러자 랍비는 이렇게 대답했다.
"나는 나 자신이 겉치레 인사나 칭찬에 약하다는 것을 알고
있소. 오늘밤 당신들은 내게 최상의 말로 칭송할 것이오. 그
래서 지금부터 익숙해지려고 그런 것이오. 당신들도 자기가
자기를 칭찬한다는 것이 얼마나 우스운지 잘 알 것이오. 그
러나 오늘밤 똑같은 말을 듣게 된다면 그러려니 하고 넘길

수 있지 않겠소?"

셋째, 칭찬과 축복의 말로 스스로를 격려해주어야 한다. 누군가와 비교당하면 자신도 모르게 그 사람을 질투하게 된다. 질투는 미움을 낳아 자신도 모르는 사이에 껄끄러운 사이가 된다. 그래서 『탈무드』에는 경쟁 상대에게 이렇게 하라고 전한다.

경쟁 상대에게도 관대함을 보이며 상대방을 칭찬해주면 선망이나 질투는 그만큼 약화된다.

경영의 신이라 불리는 잭 웰치는 어린 시절 말더듬이였다. 친구들은 말을 더듬는 잭 웰치를 비교하며 놀렸다. 하루는 친구들에게 놀림을 받고 돌아온 잭 웰치에게 어머니는 이렇게 위로한다.
"잭, 고민하지 마라. 네가 말을 더듬는 것이 아니라 너무 똑똑하기 때문에 말이 네 생각을 따라가지 못할 뿐이란다."
어머니의 진심어린 위로와 칭찬 한마디는 잭 웰치를 세계적인 경영자로 발돋움시켰다. 축복의 말이 비교 의식에서 벗어나도록 도운 것이다. 축복의 말은 부정적인 생각을 몰아낸다. 축복의 언어는 긍정적인 생각에서 나오기 때문이다.

오늘의 실천 노트

● 여러분은 세상에 하나밖에 없는 소중한 존재입니다. 그런 자신의 장점을
  살펴 열 가지를 적어보세요.

1.

2.

3.

4.

5.

6.

7.

8.

9.

10.

게으름에서
빨리 돌아서라

아침에 늦게 일어나고, 낮에 술을 마시며, 저녁에 쓸데없는
잡담을 하고 있으면 인생을 간단히 헛되이 만들 수 있다.

게으름은 바람직한 삶의 태도를 형성하고 비전을 이루는데 최
대 걸림돌이다. 뭔가를 이루고 성취하려면 머리를 쓰고 몸을 움직
여야 하기 때문이다. 아무것도 하지 않은 채 우두커니 있으면 얻
을 수 있는 것이 없다. 위 이야기는 실패하는 삶의 전형을 보여준
다. 늦게 일어나는 게으름, 한창 일을 해야 하는 시간에 술을 마시
고 쓸데없는 잡담으로 허송세월을 보내면 헛된 인생이 되고 만다
는 것이다.

『탈무드』에는 게으름과 관련된 이야기가 많은데 다음 이야기는

태도의 힘

게으른 사람들에게 경종을 울린다.

시계는 기상 시간을 알기 위해 쓰여야 한다. 잠들 시간을 알기 위해 쓰여서는 안 된다.

게으름은 '꼭 해야 할 일을 하지 않고 나태하고 의욕 없이 행동하는 것'을 말한다. 하고 싶은 것, 해보고 싶은 것도 없이 시간을 보내는 사람을 의미한다. 게으른 사람의 특징이 있다. 미루고 떠넘기고 꾸물거리고 핑계대고 변명 늘어놓기를 잘한다. 바쁘게 움직이지만 의미 있는 일과는 거리가 멀다. 이들이 제일 잘하는 것은 자기 합리화다. 자신이 하지 않아야 하는 이유가 꼭 있다는 것이다. 욕심도 없다. 무엇을 해야 할지 모르고 살아간다. 몸을 움직이는 것도 싫어한다. 그 의미를 다음 이야기로 살피면 이해가 쉽다.

옛날에 게으르기로 소문난 농부가 있었다. 가족들은 모두 밭에 나가 일을하는데 게으른 농부만 빈 집에 남아 빈둥거리고 있었다.
나른한 오후에 마루에 누워 낮잠을 자고 있는데 이상한 소리가 들렸다. 농부는 게슴츠레 눈을 떴다. 환한 대낮인데도 도둑이 농부 집의 담을 넘고 있는 것이 아닌가. 농부가 들은 소리는 도둑이 담을 넘다가 담장의 벽돌을 떨어뜨리는 소리였다. 그러나 농부는 도둑을 쫓지 않았다. 다시 슬그머니 눈을 감고 잠에 빠져들었다. 그러면서 이렇게 중얼거렸다.

"저 도둑이 간이 부었군. 저놈, 담장을 넘어 마당에 들어오기만 해봐라……."

잠을 청하고 있는 순간 다시 "쿵"하는 소리가 들렸다. 농부가 무거운 눈꺼풀을 다시 힘겹게 떴다. 이번에는 도둑이 담에서 뛰어내려 마당으로 살금살금 걸어오고 있었다. 농부는 이내 두 눈을 감으며 이렇게 속으로 중얼거렸다.

"이놈, 집 안으로 들어가기만 해봐라……."

도둑은 농부가 깊은 잠에 빠진 줄 알고 슬그머니 농부 곁을 지나 방으로 들어갔다. 방으로 들어간 도둑은 방 안을 샅샅이 뒤지기 시작했다. 도둑이 서랍을 여는 순간 그만 "삐거덕" 소리가 나고 말았다. 그 소리에 농부가 눈을 떴다. 여전히 마루에 누운 채 농부는 잠꼬대처럼 이렇게 중얼댔다.

"저놈이 방으로 들어갔네. 뭘 가지고 나오기만 해봐라……."

도둑은 방에서 값진 것들을 한 보따리 짊어지고 나왔다. 그리고 슬그머니 대문 쪽으로 걸어갔다. 대문을 열자 다시 "삐거덕" 소리가 났다. 농부가 그 소리에 눈을 떠보니 도둑은 대문을 빠져 나가고 있었다. 그런데도 농부는 여전히 잠에 취한 채 이렇게 중얼거렸다.

"이놈, 다시 오기만 해봐라……."

게으른 사람의 모습을 실감나게 보여주는 옛 이야기다. 그런데

태도의 힘

게으른 사람들도 빠릿빠릿할 때가 있다. 바로 자기 삶에 즐거움을 느낄 때이다. 스마트폰과 게임을 할 때면 눈에서 불꽃이 튀고 열정이 쏟아져 나온다. 즉각적인 즐거움을 얻는 것이 보이면 앞뒤 안가리고 뛰어드는 것이다. "뭔가를 열심히 하니까 괜찮지 않냐."고 되물을 수 있다. 그러나 게으름은 꼭 해야 할 일을 하지 않는 것이므로 즉각적 만족만을 추구하는 것도 게으르다고 볼 수 있다.

『탈무드』에는 부모들이 자식을 교육할 때 자세를 이렇게 이야기하고 있다.

어느 날 학생이 랍비에게 물었다.
"어째서 아들에게 부지런함을 가르치지 않은 부모는 아들을 도둑으로 만드는 것과 같다고 합니까?"
랍비가 대답했다.
"자기 자식에게 부지런히 일하는 것을 가르치는 부모는 자식에게 포도밭을 물려주는 것과 같다. 울타리가 쳐진 포도밭에는 여우 같은 동물이 들어가지 못하듯이, 잘못된 생각이 자식의 마음속으로 들어가지 못한다는 뜻이다."

『탈무드』뿐만 아니라 세계적인 문학가 괴테도 게으름에 대한 메시지를 남겼다. "게을리 걸어도 언젠가는 목적지에 도달할 날이 있을 것이라는 생각은 잘못이다." 톨스토이는 더 강한 말을 전한다. "게으른 자의 머릿속은 악마가 살기에 가장 좋은 곳이다." 체스터 필드는 "게으름도 일종의 자살 행위이다."라며 게으름에서 벗어나야함을 강조했다. 『탈무드』에도 "사람은 게으름과 무료함 때문에 죽는다"라며 체스터 필드와 같은 메시지를 전한다. 결국 게으름은 삶을 망가뜨리는 악한 행위임에 틀림이 없다.

우리는 저마다 자신이 원하는 인생의 그림을 완성하기 위해 살아간다. 청소년 시기는 자기만의 인생의 그림이 무엇인지 찾는 시기다. 그리고 원하는 인생의 그림을 완성하기 위해 밑그림을 그리고 스케치하는 단계다. 원하는 그림을 완성하려면 하나의 점부터 시작해야 한다. 점을 찍고 점을 잇는 수고를 들여야 선이 만들어지고 원하는 그림을 완성시켜 나갈 수 있다. 점을 잇다 보면 새로운 기회의 점이 보여 더 멋진 그림을 그리고 완성할 수 있는 계기도 마련된다. 인생의 기회는 원하는 것을 향해 점을 찍고 선을 그리는 수고 속에서 생긴다. '어떻게든 되겠지', '누군가 대신 해주겠지'라는 나태한 생각으로는 기회를 잡을 수 없다. 자기만의 멋진 인생의 그림도 완성하기 힘들다. 그러니 게으른 행동으로 허송세월을 보내고 있다면 하루빨리 돌아서라. 돌아서는 시간이 빠르면 빠를수록 인생의 멋진 그림을 완성하는 시간이 앞당겨질 수 있다.

✡ 어떻게 게으름에서 벗어날 수 있을까?

태도의 힘

게으름에서 벗어나는 방법은 몰입 이론으로 유명한 미하이 칙센트미하이 말에서 단서를 찾을 수 있다. "게으름이란 천성이 아니라 목표와 관계를 잃을 때 나타나는 상태다." 원하는 목표가 없으면 게으르게 된다는 것이다. 그러니 게으른 삶에서 벗어나고 싶다면 먼저 자신이 원하는 것이 무엇인지 발견하는 것에 초점을 맞춰야 한다. 간절하게 원하는 것이 발견되면 게으름에서 벗어날 수 있다.

두 번째는 원하는 목표가 자기 삶에 어떤 유익을 가져다 줄 것인지 알아야 한다. 목표만 가져서는 곤란하다. 그 목표가 자기 삶에 어떤 영향을 끼칠지 생각해보아야 한다. 그러려면 자신이 추구하는 목표가 내면을 바르고 건강하게 가꿀 수 있는 것인지, 또한 타인, 공동체, 자연과 더불어 살아갈 수 있는지 살펴야 한다. 이것에 합당한 목표라야 의미가 있다.

셋째는 어떻게 하면 그것을 잘할 수 있는지 구체적인 방법을 찾아야 한다. 게으른 삶에 빠져 있었다면 웬만한 동기 부여로는 삶을 변화시킬 수 없다. 보다 간절하고 구체적이고 선명한 실행 계획이 있어야 게으름에서 벗어날 수 있다. 구체적이지 않은 목표는 아무런 결과도 얻지 못하기 때문이다.

게으름은 외부의 힘으로는 이겨낼 수 없다. 자신이 왜 게으름에서 벗어나야 하는지 알지 못하면 다시 게으른 상태로 돌아가게 된다. 그 의미를 『탈무드』 이야기로 살피며 자신을 극복하는 여러분이 되기를 소망한다.

자기만큼 어려운 적군은 없다. 자기에게 이기는 자는 적이 없다.
타인을 이기려하기보다 우선 자신을 이겨라.
매일 자신과의 싸움이다. 싸우는 상대를 잘 알지 못하면 이길 수 없다.

오늘의 실천 노트

● 간절하게 이루고 싶은 목표는 무엇인가요?

(장기: 인생의 궁극적인 목적, 단기: 최근에 꼭 이루고 싶은 목표)

● 그 목표를 이루기 위해 오늘 꼭 해내야 할 것은 무엇인가요?

● 내일 이 시간에 다시 꼭 해내야 할 것을 했는지 점검하여 그 느낌을 여기
에 적어보세요

태도의 힘
-탈무드 학교에서 배우다

ⓒ 임재성, 2018

초판 1쇄 발행일 | 2018년 7월 10일
초판 4쇄 발행일 | 2022년 10월 15일

지은이 | 임재성
펴낸이 | 사태희
그린이 | 김윤선
디자인 | 박소희
마케팅 | 장민영
제작인 | 이승욱, 이대성

펴낸곳 | (주)특별한서재
출판등록 | 제2018-000085호
주 소 | 08505 서울특별시 금천구 가산디지털2로 101 한라원앤원타워 B동 1503호
전 화 | 02-3273-7878
팩 스 | 0505-832-0042
e-mail | specialbooks@naver.com
ISBN | 979-11-88912-22-3 (44080)
        979-11-88912-13-1 (세트)